A ESTRADA DÁ TUDO QUE VOCÊ PRECISA

A HISTÓRIA DE UM CASAL QUE ENCONTROU NA ESTRADA A OPORTUNIDADE DE EMPREENDER E MUDAR DE VIDA

VIAJE E EMPREENDA

A ESTRADA DÁ TUDO QUE VOCÊ PRECISA

A HISTÓRIA DE UM CASAL QUE ENCONTROU NA ESTRADA
A OPORTUNIDADE DE EMPREENDER E MUDAR DE VIDA

MIRELLA RABELO & RÔMULO WOLFF

PROJETO EDITORIAL
Felipe Colbert

REVISÃO
Eliana Moura Mattos
Felipe Colbert
Marcelo Siqueira

DIAGRAMAÇÃO
Felipe Colbert

Este livro está em conformidade com o novo Acordo Ortográfico da Língua Portuguesa.

Mirella Rabelo; Rômulo Wolff
    A estrada dá tudo que você precisa / Mirella Rabelo e Rômulo Wolff. – São Paulo, SP : Travel and Share, 2018.
    160 pp.

    ISBN: 978-85-54238-00-1

    1. Turismo 2. Expedições 3. Viagens 4. Empreendedores I. Título

Índices para catálogo sistemático:
1. Narrativas de viagens   910.4

Dedicamos este livro a todos os viajantes e sonhadores que extraem de cada olhar de descrença a certeza do seu próprio querer, e de cada falha o aprendizado para perseguirem com confiança, coragem, persistência e compromisso os seus próprios sonhos.

SUMÁRIO

PREFÁCIO

Este livro nasceu de uma paixão da Mirella e do Rômulo e de sua vontade de compartilhar as experiências de suas aventuras de viagens, que se tornaram também um curso intensivo, com lições de vida, superação, desafios e realização de metas.

Embarquei com eles desde o início e não me cansei de admirar como este casal, que a princípio seria igual a todos aqueles que vivem uma "vida certinha", com emprego e suposta estabilidade, decidiu mudar radicalmente: largar tudo e sair percorrendo estradas e longos quilômetros até alcançar seus sonhos.

Uma aventura que começou literalmente do zero, quase sem dinheiro. Para isso, eles mudaram seu estilo de vida (quantas vezes fosse necessário), inovaram e desenvolveram um modelo de negócio que os permitiu unir paixão por viajar e trabalho, gerando a renda que custeia essa trajetória.

Páginas e estrada afora, senti-me passageira do carro que os levou pelo mundo nessa jornada – o 4x4, a "Gallega". Eles se tornaram nômades, enfrentaram muitos perrengues, perigos, incertezas, dificuldades, passaram frio, sentiram fome, mas jamais desistiram.

Sem pretensões de ensinar o modo de vida que escolheram, Mirella e Rômulo contam, neste emocionante livro, como começaram tudo, rompendo barreiras e vencendo obstáculos.

O que torna esse casal diferente, porém, é o fato de conseguir aliar seu estilo de vida ao empreendedorismo. Com muita honestidade e humor, eles narram como esse passo lhes exigiu criatividade, inovação e muita perseverança na busca por patrocinadores, parceiros e apoiadores. Aprenderam a ser pacientes, a desenvolver a resiliência e, acima de tudo, a se reinventar a cada quilometro rodado.

Do ponto de partida e ao longo do caminho, esse estilo de vida foi compartilhado com milhares de pessoas por meio das mídias sociais e de plataformas como o YouTube, mostrando aventuras e desventuras, além de importantes dicas de suas experiências.

Essa leitura me fez parar para refletir sobre como estamos todos tão ocupados com nossas vidas, imersos em tecnologia, tão distraídos por tudo que nos rodeia no mundo, com informações chegando a nós talvez a uma velocidade mais rápida que a da luz... Em algum lugar ao longo do caminho, perdemos a conexão com nossa alma, com nosso espírito e a nossa conexão divina com quem realmente somos e o porquê de estarmos vivendo.

Lendo este livro, você estará diante da vida de dois jovens que tiveram a coragem de abrir mão de um modo de vida tradicional para viver uma vida nômade, sim, mas com planejamento e empreendedorismo, tornando essa experiência um sucesso. Foram capazes de desenvolver ideias de marketing, estratégias de vendas e de conseguir patrocinadores que reconheceram o profissionalismo de suas viagens e aventuras de negócios, apoiando-os continuamente.

Li o relato e me encantei com os trajetos, os lugares e as paisagens. Mas, principalmente, tocou-me a maneira como contam sobre as pessoas que fizeram grande diferença em suas vidas.

Em sua jornada, eles conseguiram revelar quem realmente eram, jogando-se aos elementos pelos caminhos do mundo, despindo-se de tudo que fosse desnecessário e descobrindo o melhor de si: fisicamente, mentalmente e emocionalmente.

Na história desses anos na estrada, você também vai desvendar como eles transformaram suas vidas e inspiraram outros sonhadores, gente que percebeu que, realmente, pode fazer qualquer coisa que decida fazer.

Mirella e Rômulo, obrigada por seguirem suas paixões. Continuem vivendo novas aventuras!

Aperte os cintos e embarque você também nessa longa e emocionante viagem!

Heloisa Schurmann

"A ESTRADA DÁ TUDO QUE VOCÊ PRECISA"

Essa frase, que nos veio à mente a partir das histórias que ouvimos de uma família viajante argentina no início da nossa jornada pelo mundo, passou a fazer parte do nosso cotidiano por conta dos desafios e das pessoas solidárias que encontramos pelo caminho. Foi algo que comprovamos na prática, através de inúmeros exemplos que tivemos durante as viagens.

Somos completamente conectados com a estrada e com as pessoas que encontramos nela. Acontece em modo automático. Desde o começo, compreendemos que todos somos viajantes nessa vida, por isso a frase que intitula este capítulo nos marcou tanto que hoje nos sentimos "contaminados" por ela. Quando esbarramos em um viajante numa situação vulnerável, a primeira coisa que pensamos é em ajudar, em agir da mesma forma como nos retribuíram diversas vezes, sempre com a certeza de que nada de pior aconteceria. Talvez por isso, todos que nos receberam viraram amigos de um jeito especial. E com muitos deles mantemos contato até hoje.

Quando você se entrega para a estrada, a estrada retribui. Esse conceito é o ponto que nos transformou, justamente o gatilho que determinou o rumo das nossas vidas. Pretendemos revelar os segredos que descobrimos desde o instante em que decidimos nos aventurar pelo mundo até as chaves que encontramos em cada quilômetro percorrido, em cada imprevisto, em cada provação que vivenciamos. A ideia não é instigá-lo a fazer exatamente o mesmo que nós, ou seja, botar o pé na estrada e buscar o estilo de vida que adotamos, mas a, em algum momento da história, se aventurar. Sejamos o que queremos ser, pois isso abre um leque infinito de possibilidades que, por um lado, sabemos, também pode ser assustador.

Todos já escutaram falar na icônica obra de Lewis Carroll, "Alice no País das Maravilhas". Há uma cena na qual Alice, desorientada, vê o Gato de Cheshire na árvore e pergunta: "Para onde vai esta estrada?". O gato rebate: "Para onde você quer ir?". "Não sei, estou perdida". O gato, sem hesitar, retruca: "Para quem não sabe para onde vai, qualquer caminho serve".

É então que entra o ingrediente principal, o combustível que nos guiou até esse ponto: nosso compromisso. Algo que não podemos ver nem tocar, mas que significa uma luz que, quando se acende, tem o poder de dissolver os medos mais tenebrosos; é a consciência que nos impulsiona a seguir em frente, a lutar pelos nossos objetivos. E foi assim que percebemos que, com comprometimento, quando você se entrega para a estrada, a estrada te retribui.

Essa questão ficará mais clara à medida que avançarmos pelas próximas páginas, pois contaremos diversos casos que comprovarão a nossa teoria. No entanto, antes de voltarmos um pouco no tempo para explicar como tudo começou, precisamos questionar: Você está preparado para viajar com a gente?

O COMEÇO

Antes de seguir pela nossa trilha, é importante explicar que nossa história não começou quando decidimos botar o pé na estrada. Muita coisa aconteceu em nossas vidas até o momento em que nos conhecemos e decidimos buscar juntos por algo que nos desse propósito, que foi viajar e compartilhar, literalmente, o Travel and Share.

Rômulo Wolff

Nos anos em que morei na Europa, trabalhei em várias empresas, mas sempre longe da minha qualificação. Levou algum tempo para eu me recolocar no ramo de trabalho no qual havia me formado. Aconteceu somente depois de sete anos, três países e trampos completamente diferentes. Foi na Suécia, o terceiro país na Europa em que morei, onde surgiu a chance de administrar a área comercial de uma empresa. Eu trabalhava atendendo o mercado latino-americano e me desenvolvia a cada dia. Por causa disso, me agarrei a essa função como se fosse a minha vida, pois outra oportunidade como essa em terras gélidas era praticamente impossível.

Coloquei tanto empenho no trabalho que decidiram abrir um escritório no Brasil. Parecia um sonho. Até alguns anos antes, estava atendendo em bares e trabalhando como guarda-vidas, sonhando com uma recolocação na minha área. E então, surgia a chance de ser gerente comercial de uma unidade inteira.

Voltei para o Brasil. Quando cheguei, de mala e cuia, a empresa reviu a ideia e decidiu refazer a proposta com uma oferta que em nada tinha a ver com a inicial. Eu me apavorei. Já havia alugado um apartamento em São Paulo e tinha programado o meu futuro dentro do país.

Foi então que eu percebi que minha energia era sugada para algo fora do meu controle, pois era guiado pelas decisões de outras pessoas, e isso não estava de acordo com meus princípios.

A situação ficou insustentável. Eu não poderia "dar para trás" e mudar de volta para a Suécia, pois o preço que pagaria para recomeçar na Europa seria alto demais.

Foi quando eu decidi sair da empresa e focar em fazer algo que me agradasse: viajar o mundo em um ano sabático.

Mirella Rabelo

Como qualquer trabalhador, eu me sentia alegre sempre que saía de férias. Havia sido recém-promovida a gerente comercial em uma multinacional (também sueca, por coincidência) depois de muitos anos de esforço para alcançar essa posição. Planejava viajar para aproveitar a Europa, mas em vez disso, resolvi investir meu tempo livre em um curso de espanhol intensivo. Aprender a língua me ajudaria a conquistar o passo seguinte, afinal, eu já atendia o mercado brasileiro e estava de olho na América Latina. Uma ambição. Uma vida voltada para conquistas, mas nem por isso com tanto significado assim.

Passei um mês morando em Madri, na Espanha. Vi o quão feliz eu era vivendo aquela vida simples e achei que ali tinha algo bem diferente. Então me indaguei se seria possível trabalhar *on-line* e descobrir um mundo com tantas oportunidades, porém, me faltava tempo para pesquisar sobre isso.

O tempo em Madri voou. Quando retornei, uma tristeza profunda me cobriu da cabeça aos pés. Ter de voltar para um universo em que eu precisava provar minha competência a todo momento era exaustivo, mas também o que me sustentava.

Eu nem tinha ideia do que viria.

Um dia, fui chamada em uma sala reservada da empresa. Um dos meus superiores me disse, cruelmente:

– Eu só quero te avisar que, se você acha que foi promovida porque é competente, está enganada. Sabemos da sua falta de capacidade. Será mais fácil te mandar embora quando você vir com seus próprios olhos que não consegue entregar o resultado.

Eu não sabia por que escutava aquilo, e acho que até hoje não compreendi. Quando saí da sala, me questionei várias vezes se realmente havia ocorrido aquela conversa. Não conseguia chorar; existia apenas um enorme ponto de interrogação na minha testa. E se fosse mesmo verdade?

Foi então que decidi: não esperaria sentada pelo pior. Comecei a investir minha energia em busca de uma alternativa para a minha vida, algo que dependesse só de mim, ou seja, criar um negócio que me permitisse viver e trabalhar em qualquer lugar. Foi quando Rômulo apareceu em minha vida. A partir daí, nos aliamos. Nossa união aconteceu por acaso, através de um aplicativo de encontros. Uma cortina nova se abria, não apenas para um, mas para dois. Sem saber no que daria, mergulhamos fundo em uma expedição extraordinária.

E agora vamos compartilhá-la com você.

Ponto de partida

Quando decidimos que viajaríamos da Argentina ao Alasca, ainda em 2014, já com o nome Travel and Share definido e uma tremenda vontade de fazer disso o nosso estilo de vida e sustento, enxergávamos nas redes sociais que as empresas tinham uma necessidade muito grande de criar material de divulgação, mas não possuíam efetivamente conteúdo para postar. O que acontecia é que muitas vezes elas acabavam comprando fotos de bancos de imagens e postavam figuras que não representavam integralmente suas marcas. Por isso achamos que era o momento perfeito para oferecer conteúdo exclusivo: fotos e vídeos criados durante nossa viagem que pudessem retratar melhor os produtos e serviços que as empresas ofereciam. Nossa ideia era cobrar um valor baixo, já que não tínhamos nenhuma experiência – o que a princípio agradou bastante a todos que contatamos – e aos poucos ganhar credibilidade no mercado.

A primeira empresa grande que abordamos foi a Alpargatas, responsável pelas sandálias Havaianas. Montamos um projeto muito legal para apresentar ao departamento de marketing deles. Tentamos contato por *e-mail*, telefone... e nada! Imprimimos o arquivo, pegamos um táxi e resolvemos bater na porta da empresa. Só que, ao chegarmos ao *hall* do prédio, não liberaram a nossa entrada; sequer conseguimos entregar a proposta na recepção. Acabamos deixando o material com o segurança na portaria, na esperança de que encaminhasse para uma pessoa que pudesse nos ajudar.

Até hoje nunca recebemos retorno. Naquele dia, ficamos bem frustrados. Mesmo cientes de que nossa jornada seria complicada, não foi um bom começo.

Ah, mas "começar" é sempre difícil!

Chegamos em casa e vimos uma propaganda da Rider na televisão (forte concorrente da Havaianas) que, na época, divulgava uma campanha intitulada "Lifeaholic". Parecia um sinal, como se o universo estivesse nos mostrando o caminho. Na mesma hora, adaptamos o projeto e mandamos por *e-mail* para a empresa. Em poucos dias, um brasileiro que trabalhava na Rider americana entrou em contato dizendo que tinham gostado da proposta, mas queriam conhecer o nosso portfólio – nada mais justo, afinal, nossa proposta era oferecer fotos e minivídeos para alimentar as redes sociais da empresa. O problema é que nunca havíamos produzido nada. Imediatamente, Mirella teve uma ideia: pedimos que eles nos passassem o *briefing*, assim ficaria mais fácil atingir em cheio o coração das pessoas lá dentro.

– *Street art*! – nos orientaram.

Concordamos e dissemos que em breve apresentaríamos algum material. Pesquisamos. Como se tratava de arte urbana, acabamos indo para o Beco do Batman, que fica na Vila Madalena, um bairro boêmio localizado na Zona Oeste da cidade de São Paulo. Produzimos algumas fotos e vídeos no local, um ensaio bem *clean*, artístico, com foco nos chinelos. Para falar a verdade, como não tínhamos experiência, hoje em dia consideramos que eram coisas bem amadoras – usando a linguagem mais simples –, mas que, para nossa surpresa, agradaram bastante o cliente.

Nesse meio tempo já tínhamos enviado propostas para uma centena de empresas e recebido várias negativas (quando chegavam!). Mas, em um determinado dia, o telefone tocou com uma ligação da Rider. Depois de uma negociação positiva, eles perguntaram:

– Pessoal, vocês podem vir aqui na Flórida assinar o contrato?

– Mas é claro!

Foi como se acabássemos de atravessar o paraíso! Combinamos a data e viajamos para os Estados Unidos. Eles nos receberam em um escritório muito legal, com paredes repletas de chinelos que chamavam a atenção. Um ambiente bem colorido, animador. Selamos nosso futuro compromisso com a Rider USA tirando uma foto junto ao diretor de marketing da empresa. A Rider USA foi, portanto, o pontapé inicial, a primeira marca para a qual conseguimos vender nosso trabalho. Um grande parceiro, que nos ofereceu um contrato de seis meses com possibilidade de renovação. Passamos a ficar muito empolgados com o feito e confiantes de que teríamos sucesso nos nossos próximos passos.

A nossa credibilidade mudou de nível a partir da parceria com a Rider divulgada no Facebook. Para cada empresa que contatávamos através do Linkedin, encaminhávamos a proposta com o endereço virtual da foto que havíamos tirado.

Faltando dois meses para colocar o pé na estrada, já havíamos fechado com mais sete empresas. Tínhamos um pouco de tudo: bebidas, bolsas, restaurantes, vestuário, acessórios e alimentos. Tudo isso nos renderia o montante de R$ 4.000,00 por mês – o que não chegava a ser um valor extraordinário, mas suficiente para começarmos. E foi nesse momento que encontramos um "pequeno grande" problema: as empresas queriam nos entregar caixas de produtos para tirarmos as fotos e criarmos conteúdo durante a viagem. Ou seja, nada que coubesse em simples mochilas.

Necessitávamos de um carro.

A Gallega

Tínhamos um bom dinheiro guardado, fruto de nossas economias de mais de 10 anos e das nossas rescisões com as multinacionais em que trabalhamos, mas não queríamos usá-lo. Esse, inclusive, foi um dos pactos que selamos e que descreveremos mais adiante. Nossa ideia era nos sustentar na estrada apenas com o dinheiro dos trabalhos que pudéssemos desenvolver na estrada e, em hipótese alguma, tocar em nossas reservas, apenas engordá-las! Então, o valor arrecadado desses contratos era o orçamento que possuíamos para nos escorar e pagar um bom seguro de saúde internacional. Sabíamos que viveríamos por um bom tempo apertados.

Em um final de semana enquanto voltávamos de Minas Gerais, questionávamos: "Como vamos resolver essa situação?". Foi quando passou um carro ao nosso lado, um Suzuki Jimny. Imediatamente, eu, Mirella, disse:

– Olha, esse é um carro que está com uma campanha forte de marketing aqui no Brasil. Eu sei porque eu vendia aço para a indústria automotiva. Seria interessante anunciar alguém viajando com esse carro pelo mundo.

– Vamos falar com a empresa! – Rômulo comentou.

Tentamos os contatos da mesma forma que vínhamos fazendo antes, mas não obtivemos sucesso. Não conseguimos nada. E aí, certo dia, quando fui para a aula – estava fazendo MBA em marketing –, cheguei à sala e encontrei uma caneta com o logotipo da Suzuki em uma das mesas.

– Gente, de quem é essa caneta? – rapidamente averiguei.

– Ah, é minha! – disse uma das colegas.

– Você trabalha na Suzuki? – perguntei, esperançosa.

– É, sou gerente de marketing lá.

– Vem cá.

Eu a peguei pelo braço e expliquei tudo sobre o Travel and Share.

– Você acha que sua empresa teria interesse?

– Eu acho que sim. Talvez eu consiga disponibilizar até dois carros para vocês – ela adiantou.

Cheguei em casa afobada. Rômulo estava dormindo. Eu o acordei dizendo que tínhamos de mandar o projeto para a Suzuki logo cedo. A ansiedade não nos deixou dormir direito naquela noite. Montamos o projeto e enviamos, repletos de esperança. Estávamos certos de que ganharíamos os dois carros! Mas, precavidos, seguimos trabalhando, buscando novos patrocínios. Até que, um dia, estávamos em casa conferindo nossa página do Facebook – criada recentemente e ainda minúscula –, verificando as últimas curtidas; notamos que uma pessoa, que era analista de marketing da Nissan, estava seguindo nossa *fanpage*. Logo começamos a pensar em qual carro 4x4 existia na Nissan. Entramos no *site* da empresa e localizamos a Frontier.

– Opa, vamos mandar o projeto! – Rômulo falou.

Adaptamos o projeto criado inicialmente para a Suzuki a fim de encaixá-lo à comunicação que a Nissan fazia na época, e enviamos para a analista. Não demorou tanto e a pessoa nos disse que havia achado o projeto promissor e que mandaria para a agência.

Um dia depois, ela nos convidou para ir até o escritório da Nissan, em São Paulo. Para nossa sorte, o projeto se encaixava perfeitamente àquele momento, porque a empresa estava abrindo o seu Instagram e precisava de um casal que tivesse o perfil "aventureiro" para promover a marca. Contudo, eles queriam saber quanto tempo a gente levaria para viajar até o Alasca. Não tínhamos conhecimento, então pesquisamos na internet e dissemos que seria em torno de nove meses.

– Olha, a ideia é muito interessante, mas nove meses é muito tempo. Estamos buscando casais para viajar finais de semana para o interior de São Paulo, viagens curtas, assim conseguiremos disponibilizar o carro para várias pessoas. Mas vamos continuar tentando...

Nesse momento pensamos: "Não deu! Esquece!".

Sem alternativas, voltamos para casa e telefonamos para a Suzuki. Depois de um mês de tentativas, fomos chamados para outra reunião. Por conta da crise econômica, não conseguiriam disponibilizar mais nenhum carro, mas ofereceriam um desconto para comprarmos uma unidade. Infelizmente, o desconto era mínimo e isso significaria desembolsar cerca de R$ 52.000,00 pelo veículo, o que implicaria mexer nas nossas reservas. Mas, depois da resposta da Nissan, parecia ser a única opção.

Avaliamos a possibilidade de adesivar o carro com patrocínios. A ideia era vendermos espaços para outras empresas. Chegamos em casa e levantamos alguns nomes. Estávamos prontos para encaminhar os *e-mails* no dia seguinte quando...

– Vamos tentar com a Nissan só mais uma vez?

Escrevemos um *e-mail* enorme, com cunho altamente sentimental. Enviamos e nos recolhemos para dormir. Às oito horas da manhã, acordamos e lá estava a resposta do representante da Nissan: "Me liga!". Só havia um problema: tínhamos apenas um celular (mantemos isso até hoje) e gastamos todo o crédito com as ligações anteriores. Enviamos outro *e-mail*: "Estou tentando te ligar, mas não estou conseguindo. Você pode retornar?".

Minutos depois, ele nos telefonou e disse:

– Rômulo, eu tenho uma boa notícia. Eu consegui o carro para vocês.

Eles haviam utilizado dois carros em uma propaganda recente e, uma vez que não poderiam mais vender como zero km, cederiam um deles pra gente.

Comemoramos como um gol! Pulamos, gritamos, nos jogamos no chão de alegria e, quando a euforia passou, nos deparamos com outra importante questão: E o diesel? Seria um valor muito alto para custear, algo impossível com a verba que receberíamos por mês! Mais uma vez veio a ideia de adesivar o carro com patrocínios. Porém, como promoveríamos o carro da Nissan, não sabíamos se a atitude seria permitida.

Decidimos entrar em contato novamente com a empresa.

– De quanto vocês precisam para o diesel? – perguntaram.

Sugerimos um valor baseado em uma consulta que fizemos na internet. Em uma breve negociação – mais simples do que podíamos imaginar –, conseguimos a verba sem a necessidade de grudar qualquer adesivo além do logotipo do Travel and Share.

Mal conseguimos segurar a emoção!

Com o tempo, a Gallega (nome com o qual batizamos a nossa Nissan Frontier) acabou virando um personagem em nossas histórias. Contudo... acabamos caindo no desafio seguinte. Por conta da documentação, só poderíamos pegar o carro em janeiro. O problema é que tínhamos contrato com oito empresas e o "taxímetro" já estava rodando. Precisávamos produzir conteúdo para as marcas. Por conta disso, decidimos iniciar o projeto com uma viagem experimental, ainda sem o carro.

Bolívia

Após uma intensa pesquisa, chegamos à conclusão de que a Bolívia, pela proximidade, seria nossa melhor opção; também pelo fato de que é bastante complicado cruzar a fronteira do país em um veículo estrangeiro sem uma documentação específica – a chamada *Declaración Jurada de Ingreso y Salida de Vehículos de Uso Privado*, emitida na Aduana Nacional de Bolívia e exigida pelas autoridades bolivianas. Não é difícil conhecer histórias de brasileiros que tiveram o carro apreendido no país e precisaram recorrer à embaixada brasileira para tentar a liberação. Assim, no dia 24 de dezembro de 2014, separamos uma quantidade suficiente de produtos que recebemos das empresas, enfiamos a coragem na mala e iniciamos, enfim, a nossa jornada.

Voamos de São Paulo até Campo Grande. Pegamos um ônibus até a rodoviária de Corumbá, depois um táxi. Descemos próximo à fronteira e atravessamos a divisão entre os dois países a pé. Finalmente estávamos em solo boliviano: a primeira cidade era Puerto Quijarro. Até aí, um gasto de oito horas.

A primeira impressão que tivemos foi a de que o lugar era uma sujeira só, infelizmente. Como era feriado de 25 de dezembro, demorou mais um bom tempo para embarcar no próximo ônibus. Para o nosso "desespero", levamos mais 10 horas até chegar em Santa Cruz de la Sierra, uma das cidades mais desenvolvidas da Bolívia.

Estávamos em outro mundo. Apesar de o *ticket* do ônibus informar que o veículo era leito, com Wi-Fi e serviço de bordo, não encontramos nada disso. Quando a situação apertou, descobrimos que até o banheiro não funcionava. De tempos em tempos o motorista parava o ônibus na beira da estrada e organizava os passageiros dizendo:

– Mulheres para a direita e homens para a esquerda!

Foi quando eu, Mirella, descobri que as bolivianas indígenas, conhecidas como *cholas*, não se agacham para fazer xixi: fazem em pé mesmo. Um choque pra quem estava acostumada com os padrões e facilidades da vida na capital paulista.

A viagem de Santa Cruz de la Sierra até Salar de Uyuni, nosso principal objetivo, levaria cerca de 20 horas. Tínhamos a opção de ir de ônibus por estradas perigosas ou de avião. Resolvemos ir de avião. Por distração, compramos o voo errado, um mês à frente, mas acabamos contornando a situação e embarcando em direção a Sucre – e depois, mais algumas horas de ônibus. Em toda parada que o motorista fazia entravam senhoras bolivianas oferecendo uma comida estranha, uma espécie de ovo cozido dentro de um saco com água. Bem esquisito!

Em Salar de Uyuni, que é o maior e mais alto deserto de sal do mundo, contratamos um passeio com uma empresa de turismo. Fizemos amizade com dois coreanos e dois alemães. Foi ali, logo no início da viagem, que percebemos o quão fácil é fazer amigos quando estamos viajando. É como se as pessoas estivessem mais abertas a conhecer e a conversar com outros, e nós, muito mais abertos para deixar que outros nos conheçam. Nos tornamos grandes amigos.

Um dos pontos altos desta viagem foi a nossa hospedagem em um *hostel* construído de sal. O chão, as paredes... tudo. Foi a primeira e a única vez em que experimentamos tal coisa.

Passamos quatro dias viajando pelo deserto. A cada noite, dormíamos em uma pousada diferente, todas localizadas em vilarejos ermos, no meio do nada. Já víamos que não seria nada fácil. Você se pergunta como as pessoas podem viver em uma situação tão rudimentar, mas depois descobre que, por serem povos indígenas, plantam e colhem o próprio sustento e vivem com qualquer quantia extra, com o que sobra.

Nós sabíamos que o compromisso que tínhamos firmado para empreender e viajar seria muito duro. No entanto, estávamos colocando em prática não apenas o fato de lidar com uma viagem a um país com uma cultura distante da nossa, mas tudo que havíamos arquitetado até então. Foi a primeira vez que criamos conteúdo gravando vídeos e produzindo fotos com os produtos das empresas que nos contrataram.

Como o nosso foco estava no trabalho, enquanto víamos as pessoas saindo para registrar momentos e se divertir, corríamos contra o tempo para produzir o material necessário. Não é preciso dizer que nossa sede por cultura se manteve quase inalterada. Esse foi o primeiro instante em que caímos "na real" e percebemos o quanto seria difícil unir viagem e trabalho. Mas em momento algum duvidamos da nossa empreitada.

Se para entrar no país foi tranquilo, sair dele nos custou seis horas "presos" em uma imigração lotada. Encontramos muitos bolivianos tentando entrar no Brasil sem falar o espanhol básico. Eles se comunicavam através de línguas indígenas. Como não escreviam nada, uma única pessoa da fronteira se desdobrava para preencher o formulário de autorização de entrada para todos eles. Só nos restava esperar.

Apesar de toda a correria e da dificuldade de fazer algo completamente novo, podemos dizer que retornamos com sentimento de dever cumprido. Afinal, colocamos em prática algo que sonhamos por um longo ano. No entanto, tínhamos dúvidas. Não sabíamos se tudo aquilo que produzimos atenderia às expectativas dos patrocinadores. Reunimos o que pudemos e entregamos um relatório com fotos para cada departamento de marketing. Para nossa surpresa, o *feedback* das oito empresas foi positivo!

As fotos foram tiradas basicamente no *tour* por Salar de Uyuni e pelas vilas que passamos. A cada vez que o guia parava e nos dava meia hora para conhecer o lugar, a gente fotografava e filmava tudo. Experimentávamos inúmeros ângulos com o mesmo produto. O legal daquela época é que não tínhamos referência, então tudo era novidade. E serviu para o propósito.

Era a primeira prova de que estávamos no caminho certo; essa experiência também nos deu maior tranquilidade para seguir com o plano, pois significava que, de fato, o modelo de negócio que desejávamos ter funcionava.

Mal sabíamos o tamanho da aventura que nos aguardava.

Lista de pactos

Antes de continuarmos, é importante dizer que construímos a lista a seguir por considerá-la extremamente necessária e motivadora para nossas pretensões futuras. Foi algo que aprendemos e resgatamos da viagem experimental à Bolívia.

Como já dissemos, o compromisso com a nossa causa e o projeto em si configuram a principal energia que nos move. Atrelados a esse compromisso, elaboramos uma lista de acordos que não podemos quebrar – alguns deles nem mesmo na pior das hipóteses:

1. Desde o momento em que deixamos nossos empregos, nunca duvidamos de que o negócio daria certo. É a crença, portanto, nas nossas qualidades. É para nunca esquecermos de pensar positivo,

para nunca duvidarmos de que somos capazes de conquistar o que almejamos.

2. Antes de iniciarmos nossa viagem, aplicamos todo o dinheiro que tínhamos em uma única conta bancária e prometemos fazer o possível para não movimentá-la. Porém, é importante mencionar que nunca sairíamos do Brasil sem essa "garantia". É algo que dá segurança ao viajante, pois a estrada pode trazer muitas surpresas.

3. Não ficamos em um lugar se o outro não se sentir confortável. Se alguém nos recebe em casa e um dos dois se sente mal, a gente vai embora ou estaciona o carro em outro local. Não há discussão. É uma forma de não se submeter a situações constrangedoras desnecessariamente.

4. Aconteça o que acontecer, o foco da nossa viagem é a sustentabilidade do negócio. A maioria das pessoas trabalha para viajar, enquanto nós viajamos para trabalhar. Este item é para jamais esquecermos de viver cada dia buscando um negócio de sucesso.

5. Nada acontece sem esforço. Esse pacto é nosso estímulo para nunca frearmos a nossa coragem e empenho no trabalho. Somente assim conseguiremos atingir nossos objetivos.

6. Vivemos juntos 24 horas por dia. É evidente que discutimos de vez em quando. Contudo, respeitar a individualidade de cada um é fundamental na vida de qualquer casal. Não seria diferente no nosso estilo de vida.

7. Uma vez que ganhamos nosso carro da Nissan, juramos, em agradecimento, que daríamos carona para todos os mochileiros que encontrássemos pela estrada, não importando a situação, desde que segura.

8. O objetivo é compartilhar sobre a vida na estrada, mas nunca expor nossa intimidade sem necessidade.

9. Nunca passar por cima de alguém para ter sucesso na viagem ou no trabalho. Nunca tivemos tal atitude nas atividades que desempenhamos antes e não o faríamos para garantir a viagem.

AMÉRICA DO SUL

Argentina

Chegava, enfim, o momento da partida.

Depois de recebermos a Gallega – conforme batizamos a nossa Nissan Frontier –, separamos os objetos que ocupariam parte do bagageiro. Basicamente nossa aventura contaria com algumas caixas plásticas que nos serviriam de guarda-roupa, um fogão, um *coller* (que serviria como geladeira) e as caixas com os produtos das empresas clientes. Também tínhamos uma barraca montada em cima da caçamba; ela nos serviria de casa quando não encontrássemos uma pessoa para nos hospedar.

Antes de abraçarmos as estradas pelo mundo, seguimos para nos despedir de nossos familiares em Minas Gerais e Rio Grande do Sul.

Depois, já no primeiro dia de viagem à Argentina, próximo à fronteira, sentimos a tensão de quase ficar sem combustível. Havíamos calculado um perímetro para reabastecer. Perguntamos a um transeunte se existia algum posto de gasolina nos 50 km seguintes, o que ele confirmou sem pestanejar. Dirigimos, dirigimos, dirigimos... e nada. Quando o ponteiro já estava colado no fundo da reserva, surgiu o tão esperado posto de gasolina. Este era o primeiro ponto ao qual precisávamos dar atenção ao longo dos meses seguintes. Mas há uma boa explicação para isso.

Geralmente os viajantes planejam cada etapa da viagem traçando rotas, verificando lojas de conveniência, criando um roteiro bem minucioso. Nós nunca fizemos isso, pois, em grande parte, nosso desejo era viver a aventura apenas com a lista de pactos que carregamos debaixo do braço. Assim, tomamos nossas decisões na estrada e, até hoje, apesar de alguns imprevistos que relataremos adiante, sempre deu certo.

Quando mergulhamos nesse universo dos viajantes, rapidamente encontramos o Couchsurfing, um serviço de hospitalidade através de um aplicativo no qual as pessoas oferecem estadia gratuitamente. E era justamente através dessa ferramenta que pretendíamos organizar as nossas noites. Vale lembrar que, além do português, falamos bem o inglês e o espanhol, portanto, a comunicação sempre foi perfeita.

Em nossa primeira experiência de hospedagem, bem na fronteira do Brasil com a Argentina, em uma cidade chamada Curuzú Cuatiá, ficaríamos na casa de uma pessoa que encontramos pelo Couchsurfing. Mas batemos na porta e não havia ninguém. O sinal do telefone não funcionava, muito menos a internet. Era uma região pobre, meio barra-pesada. Ficamos aflitos, sem saber o que fazer. Rodamos por diversas vezes a cercania até que avistamos uma senhora. Perguntamos se ela conhecia a pessoa que nos receberia, uma vez que morava na região. A resposta foi negativa.

Passamos um tempo rodando com o carro sem saber o que fazer. Avistamos a mesma senhora outra vez. Em uma nova tentativa de contato, explicamos nossa situação para ela. Gentilmente, ela nos cedeu o pátio de sua casa para estacionarmos o carro.

Agradecidos, fomos até lá. A residência dela era muito simples; o banheiro ficava do lado de fora e havia apenas um cano na parede com água fria. Foi a primeira vez que abrimos a barraca e dormimos na caçamba da Gallega. Nunca tínhamos acampado na vida. Estávamos totalmente imersos na escuridão, bastante apreensivos e inseguros. Deve ter sido a pior noite das nossas vidas, porque bastava qualquer galho cair e a gente achava que era alguém se aproximando.

No dia seguinte, logo pela manhã, essa senhora nos trouxe um prato com alguns pastéis. Não queríamos aceitar, pois sabíamos que ela era simples e vivia com muito pouco.

– Não, faço questão, faço questão... – ela insistiu.

Agradecidos, comemos os pastéis sem recheio, pois era o que ela tinha a nos oferecer. E ficamos muito gratos.

Quando seguimos para o centro da cidade para sacar um dinheiro, por coincidência o cara que nos hospedaria avistou o nosso carro (que possui o logotipo Travel and Share na porta) e veio pedir desculpas, dizendo que tínhamos passado na casa dele bem no momento em que ele estava na academia. Em retribuição, nos convidou para almoçar. Chegando lá, toda a família estava presente. Prepararam um verdadeiro banquete.

No dia seguinte, continuamos a viagem e fomos parados em virtude dos faróis desligados. Ao sermos abordados pelos policiais, eles nos informaram que poderíamos pagar uma multa (cerca de 600 pesos) a eles naquele instante ou posteriormente num banco, mas com valor maior. Optamos pela segunda forma de pagamento. Pelo que compreendemos, não poderíamos sair do país sem que aquela multa fosse paga. Porém, andamos pela Argentina e saímos em direção ao Chile sem que a imigração tivesse a informação daquela multa. Até hoje não sabemos a veracidade do que disseram aqueles policiais.

Ficamos em muitas casas na Argentina. Em todas fomos bem recebidos. O Couchsurfing dava certo. Fizemos muitas amizades. Conhecemos um casal que tinha prazer em viajar sem dinheiro algum. Eles eram "bem de vida", mas curtiam pedir carona ou esperar a padaria fechar para ficar com as sobras – segundo eles, sempre conseguiam.

– Olha, vocês vão ficar duas noites na nossa casa. Na primeira, vocês ocupam a nossa cama e nós dormimos no chão. Na próxima, nós dormimos na cama e vocês no chão.

Eles foram os primeiros a nos ceder a cama.

Na segunda noite, tínhamos sido convidados para um encontro de viajantes – cerca de 300 pessoas. Lá conhecemos a história do casal Herman e Candelaria Zapp que estão há quase duas décadas viajando em um automóvel Graham-Paige de 1928. A história dessa família é impressionante! Quando os dois iniciaram a jornada, pretendiam sair da Argentina e seguir para o Alasca em seis meses, mas, como o carro era muito antigo, quebrava o tempo todo; assim, eles demoraram três anos para completar o percurso. Só que, nesses três anos, Candelaria engravidou e eles tiveram o primeiro filho nos EUA. Quando chegaram ao Alasca, pensaram: "Não faz sentido pararmos agora, vamos continuar viajando".

Foram para o segundo continente, a Ásia, e lá tiveram o segundo filho. Há 17 anos eles viajam no mesmo automóvel e já são pais de quatro. Como a mãe é professora, ela segue um programa chamado "Homeschoolling", criado sob medida para alunos que não conseguem frequentar uma escola fixa. Eles vivem da venda do seu livro, uma história muito inspiradora. Tínhamos completado nossa primeira semana de viagem quando encontramos essa família. Ao dizermos que estávamos com medo, sem saber se nossa empreitada daria certo, ouvimos da boca do pai a frase que usamos para abrir este livro:

– Não se preocupe, a estrada dá tudo que você precisa.

A gente começou a conversar com outras pessoas nesse evento e, por acaso, havia um rapaz, o Francisco, que também estava planejando viajar com a namorada. Contamos que iríamos para o Sul da Argentina. Ele disse: "Acho que vocês vão passar próximo à casa do meu pai. Se precisarem, ele pode receber vocês".

Esse tipo de indicação é algo que, hoje em dia, percebemos que foi frequente em nossa aventura. Sempre assim, conectando pessoas e lugares.

Sobre o relacionamento da família Zapp, percebemos que, para Herman e Candelaria, não há nada melhor do que passar o tempo juntos. Nada de se ausentar dos filhos! Na maioria das vezes, pais que trabalham fora ficam menos de três horas por noite ou apenas um café da manhã com os familiares. São frações do nosso tempo. Não é o caso dessa família. Até hoje os pais estão presentes no ciclo de crescimento dos filhos. Já viajaram por tantos países que a educação se torna quase instantânea. Na Grécia, por exemplo, eles aprendem sobre a história. Na África, observam a vida selvagem. É para deixar qualquer um de boca aberta.

Quando estávamos a caminho de Ushuaia, em uma cidade chamada Rio Gallegos, hospedados através do Couchsurfing, a pessoa que nos recebeu achou nossa história encantadora e nos fez um pedido:

– Vocês estão realizando um sonho que eu tenho. Se possível, gostaria que vocês fizessem algo por mim. Eu sou escritor e queria que vocês levassem este livro, "O farol do fim do mundo", de Júlio Verne, para tirar uma foto com ele justamente lá, no Farol de San Juan de Salvamento, conhecido como Farol do Fim do Mundo. Vocês fariam isso?

– Claro! Vamos tirar, sim!

Quando chegamos no Ushuaia, descobrimos que não seria nada fácil ir até o farol, pois teríamos de verificar quando os navios que seguem para a Antártica passariam. Uma navegação perigosa e caríssima. Logo, tivemos de abortar a missão. Fomos então informados de que existia uma réplica do Farol do Fim do Mundo muito visitada pelos turistas, o Farol Les Eclaireurs, no Canal Beagle. Ele é acessível a qualquer turista e, para muitos, é o verdadeiro farol do fim do mundo. Partimos para lá. (Nesse ponto, acabamos encontrando a família Schurmann, famosa por velejar ao redor do mundo.) Pudemos, portanto, tirar a foto com o livro na réplica do farol e enviar para o escritor, explicando o ocorrido. Mesmo não sendo o original, ele ficou bastante feliz. Recentemente, dois anos após esse episódio, recebemos uma mensagem dele: "Meu sonho vai sair do papel. Estou indo para a Índia viajar como vocês. Muito obrigado por terem despertado essa minha vontade de viajar!".

Hoje em dia, ele mora na Itália e ainda mantemos contato. Ficamos muito contentes em saber que, de alguma forma, afetamos positivamente as pessoas, instigando-as a realizarem seus desejos. Esse é um dos maiores presentes que recebemos através do Travel and Share.

Também soubemos pela família Schurmann que, lá onde está o farol, o verdadeiro e de difícil acesso, existe uma única garrafa de bebida exposta, exatamente de um de nossos patrocinadores na época. Infelizmente não conseguimos fazer essa fotografia. Seria brilhante.

Ao todo, passamos 78 dias na Argentina. Outro exemplo que tivemos e que traz à tona a frase "A estrada dá tudo que você precisa": quando chegamos ao "fim do mundo", no Ushuaia, e não tínhamos lugar para dormir, conhecemos o Mário, dono de uma agência de viagens. Na época a gente não tinha nem 100 seguidores em nosso canal no YouTube, estávamos começando. Ele dizia assim: "Olha, vocês têm potencial. Vai dar certo". Foi uma pessoa que sempre acreditou no nosso projeto.

Ficamos muito amigos. Durante todo o tempo em que estivemos hospedados na casa do Mário ele não nos deixou colocar a mão no bolso para pagar um jantar que fosse. Tudo em Ushuaia é muito caro, e Mário foi como um pai para nós. Fizemos vários passeios com ele e isso nos deu a oportunidade de criar bastante conteúdo.

Após uma semana hospedados na casa do Mário, decidimos seguir para o Chile. Para isso, precisaríamos pegar uma balsa para cruzar um dos trechos. O problema é que essa balsa custava 350 pesos chilenos. Não tínhamos como trocar dinheiro, pois só possuíamos pesos argentinos, e na cidade não havia nenhuma casa de câmbio que trocava tal moeda. Ficamos desesperados. O Mário, vendo nossa aflição, questionou:

– Como vocês vão pegar a balsa? Vocês têm dinheiro chileno?

– Não, mas vamos dar um jeito.

Então ele abriu a carteira e tirou o valor exato de que precisávamos. Não sabemos como e nem por que ele tinha dinheiro chileno. Foi a nossa salvação. Imediatamente, Rômulo solicitou a conta bancária dele para que depositássemos a quantia. Mário disse que sua mãe morava no Brasil e que depois poderíamos transferir para a conta dela, seria mais fácil. Passado um tempo, enviamos um *e-mail* para ele solicitando o número e a agência da conta. Recebemos uma resposta bem-humorada, na qual ele simplesmente dizia:

"Vão a m****!".

Chile

Chegamos ao Chile com pouco mais de 200 seguidores em nosso canal do YouTube. Até então, o sentimento que carregávamos de nossas famílias e amigos no Brasil era de descrença em relação ao que estávamos fazendo. Ainda assim, atravessamos a fronteira animados com toda a receptividade argentina, e começamos a enviar mensagens pedindo hospedagem pelo Couchsurfing. A única pessoa que nos respondeu disse que não poderia ajudar, pois estaria em um festival de música na Argentina. Fazia um frio tremendo. Insistimos com uma mensagem pedindo que nos indicasse alguém que tivesse uma garagem para que pudéssemos estacionar o carro e nos proteger do vento. Vendo nossa aflição, ele acabou indicando outra pessoa – na realidade, uma família de artistas que nos recebeu por três dias.

Juan Carlos, o pai, cuidava do teatro municipal da cidade. Daniela, a mãe, era professora de História. Ambos tocavam instrumentos e cantavam. O filho mais velho havia ganhado uma bolsa para estudar Música na Austrália e a filha mais nova, Antonia, encantava a todos com sua simpatia. Inicialmente pedimos apenas para estacionar o carro, mas percebemos que estavam abertos a nos oferecer mais que isso. Foi então que pedimos para tomar banho na casa e Daniela comentou que faria um chá para nós enquanto isso. Depois do banho, enquanto bebemos o chá, aproveitamos para contar sobre a viagem e muitos dos planos que tínhamos. Ao ver como seria sofrido dormir na barraca, eles nos ofereceram um colchão na sala, pois estava um frio danado do lado de fora. Aceitamos. Acabamos passando três dias com eles e, quando deixamos sua casa, também deixamos quatro novos amigos na cidade.

Se Deus protege os viajantes, tivemos essa prova no Chile,

depois de uma aventura "sem noção". Soubemos pela TV que havia sinais de erupção no Vulcão Villarica, na cidade de Pucón. Logo a Mirella insistiu para que fôssemos até lá gravar um vídeo para um dos nossos clientes. Próximo ao local, a presidente do Chile, Michelle Bachelet, reunia-se com parte dos bombeiros enquanto a outra parte evacuava as pessoas da cidade. Não é necessário dizer que, naquele instante, já saía bastante fumaça do vulcão. Acabamos atravessando um bloqueio. Chegamos a um parque sem nos darmos conta do perigo que passávamos. Demos várias voltas em torno do vulcão enquanto a cidade continuava em alerta vermelho. Ali, nem sinal de celular pegava, não poderíamos sequer pedir socorro. Ainda bem que gravamos o vídeo e saímos do local sem que nada de pior tivesse acontecido.

No Chile, vimos muitas pessoas pedindo carona no deserto. Infelizmente, não tínhamos previsto espaço no carro para um terceiro passageiro. A gente começou a passar por um, dois, três viajantes... até que um dia encontramos um mochileiro pedindo carona no meio do deserto próximo ao acostamento, em meio a um calor infernal. Rômulo disse: "Precisamos levar esse cara!". Paramos e decidimos amarrar nossos pertences com cordas em cima da Gallega. Assim, conseguimos espaço para um terceiro ocupante. Quando chegamos ao destino seguinte, dispensamos algumas coisas que não usávamos e abrimos mais uma vaga extra. Foi aí que realmente provamos nosso pacto de nunca deixar de oferecer carona.

Já na capital, Santiago, recebemos vários aceites para ficar nas casas das pessoas. Concordamos com o convite de Polo, cuja casa era localizada em um bairro muito chique. Até então, nossas estadias foram em casas bem simples. Vimos tantas mansões na região que pensamos: entramos na rua errada. O interessante é que, independentemente da classe social, em todos os lugares que ficamos fomos bem recebidos. Sempre nos ofereciam o que tinham.

Ficamos uma semana com a família de Polo. Era uma família numerosa e incrível. Até mesmo Bug, um cachorro supereducado, tinha seu lugar à mesa. Nesse período, como sempre fazemos, fomos ao supermercado para comprar mantimentos suficientes para a semana. Ao chegar em casa e pedir um espaço para guardar a comida, Ana Maria, a mãe de Polo, disse:

– Essa comida vocês devem guardar para quando seguirem viagem. Enquanto estiverem aqui, vão comer o que tivermos em nossa despensa.

A experiência foi melhor do que previmos. Aprendemos muito sobre como a família se relaciona. Todas as noites nos juntávamos ao redor da mesa para o jantar, cada um contava sobre seu dia, um bate-papo muito saudável. E quando o pai ou a mãe falavam, ninguém interrompia. Era muito bonito ver o respeito que os filhos tinham por seus pais.

Quando chegou o dia de irmos embora, Polo contou que a família tinha um apartamento em Viña del Mar e que, se quiséssemos, poderíamos pegar a chave e ficar lá quantos dias fosse preciso. A sorte nos abraçava outra vez. Não pensamos duas vezes: aceitamos e seguimos para o litoral, onde ficamos por três dias. Foi lá que vimos pela primeira vez o sol se pôr no mar, até hoje um dos mais lindos que vimos. Devolvemos a chave e avançamos para o nosso próximo destino.

Não sabíamos, mas estávamos prestes a encarar um dos piores momentos da nossa viagem.

Peru

Assim que chegamos à fronteira do Chile com o Peru, fomos barrados pelas autoridades alfandegárias. O motivo? O carro estava em nome da Nissan. Não queriam deixar a gente entrar de jeito nenhum. Teríamos de voltar para o Brasil e fazer um trajeto pela Amazônia, indo diretamente para a Colômbia, o que seria bem complicado, caro e perigoso. Outra opção era retornar para o Chile e colocar o carro em um barco, mas isso seria caríssimo.

Foi um verdadeiro choque, um soco no estômago.

Ficamos seis longas e terríveis horas na fronteira chorando (literalmente). Eles nos obrigaram a tirar tudo do carro, sendo que poderíamos ter passado por uma espécie de *scanner* que verificaria o que estávamos levando de bagagem. Mas não o fizeram. Precisamos retirar cada item que carregávamos na Gallega.

Tudo aquilo parecia uma espécie de terrorismo para conseguir dinheiro das pessoas. Mas sempre tivemos repulsa por pagar propina para autoridades, e nos mantivemos firmes.

Rômulo começou a ficar muito nervoso; estávamos decepcionados com aquele tratamento. Foi então que um cara, o quarto agente com quem falamos, após muita discussão, disse:

– Vocês podem entrar no Peru, mas têm 20 dias para atravessar o país. Quando saírem, vocês me ligam, porque eu quero registrar no sistema.

Cruzamos o país em 20 dias cronometrados. Ainda assim, sempre parados por policiais. Era muito frustrante! Deixamos de ver muita coisa, de aproveitar e de conhecer muitos lugares.

Estávamos no mês de abril, época de chuvas, frio e neblina. Seguimos dirigindo para Machu Picchu por estradas de terra horríveis, verdadeiros precipícios; tínhamos a sensação de que morreríamos a cada curva. Por muitas vezes tivemos de atravessar cachoeiras sem saber se encontraríamos o caminho do outro lado. Para piorar, ouvimos histórias terríveis de carros que já caíram no abismo. Foi, de longe, a pior estrada que a gente já pegou. A tensão estava instalada e, nesse dia, brigamos muito dentro da Gallega.

Mais adiante, decidimos ir pela linha do trem a pé até a cidade que fica na base do Machu Picchu, já que não era possível chegar de carro e a única opção era seguir de trem, mas com uma passagem muito cara. No dia seguinte, achamos que levaríamos uma hora para subir, mas demoramos pelo menos quatro. Sentimos muito a altitude, foi bem difícil. Quando chegamos lá, não conseguimos ver nada por causa da neblina. Não tivemos sorte. O tempo estava completamente fechado. Enxergamos a cidade sagrada Inca por no máximo dois minutos.

Ao contrário do Chile, no Peru você quase não encontra mochileiros – exceto por um rapaz que ajudamos na última cidade pela qual passamos. Contudo, encontramos várias vezes o casal Alejandro e Guadalupe, dois argentinos que conhecemos no Chile. Nossa comunicação era através do Facebook. Levando uma vida quase *hippie*, os dois se viravam como podiam; ele tocando violão em lugares como ônibus e restaurantes; ela vendendo trufas.

No dia do aniversário de Guadalupe, compramos um bolo de chocolate e aguardamos por eles no ponto de encontro, uma praça. Passamos duas horas sem os ver. Com fome e quase esgotados, iniciamos a degustação do doce. Até gravamos um vídeo engraçado sobre isso. Quando finalmente os encontramos, cantamos "parabéns" com apenas metade do bolo. Foi nesse dia também que eu, Mirella, ensinei à Guadalupe a receita dos brigadeiros brasileiros. Enquanto a trufa dela leva vários ingredientes, nosso doce típico é feito basicamente de chocolate e leite condensado. Ela adotou a receita e passou a ter mais lucro do que antes.

Sabemos que o Peru possui paisagens belíssimas e uma cultura muito rica, mas um acontecimento, em especial, quase transformou tudo em pesadelo.

Depois de Machu Picchu, quando seguíamos viagem, mais uma vez fomos parados na estrada por policiais. Até aí, estávamos habituados. Um dos guardas pediu para o Rômulo abrir o vidro do carro e perguntou:

– O que aconteceu com a placa do seu veículo?

– Como assim?

Descemos e verificamos que haviam nos furtado a placa da frente da Gallega em Ollantaytambo!

Os policiais nos disseram que não podíamos rodar assim, tínhamos de dar queixa na delegacia. Só nos permitiram ir até uma cidade próxima. Na delegacia, descobrimos que era preciso adquirir um formulário em uma papelaria. Encontramos uma, compramos e voltamos. Demorou mais umas 2 horas para o escrevente datilografar no estilo "cata-milho". Com o papel, seguimos para Lima, onde está a embaixada brasileira. Lá, pedimos uma placa nova. A pessoa explicou:

– Não podemos fazer nada. Tem que levar o carro no Detran do Brasil.

Outro golpe no estômago.

A única opção era procurar um chaveiro. Localizamos um. Perguntamos ao homem se ele podia fazer uma placa provisória. Foi um bálsamo escutá-lo responder que sim. Ele cortaria um latão e pintaria.

No dia seguinte, buscamos a placa. Era um trabalho bem rudimentar, mas serviria por ora.

Por sorte não tivemos nenhum problema para sair do país, o que foi um grande alívio. Com uma breve ligação para aquele policial lá do início da história, deixamos o Peru e seus problemas para trás.

Equador

Continuamos seguindo para o norte. Logo que adentramos a fronteira do Equador, não pudemos deixar de notar a imensa quantidade de bananeiras que circundam as estradas. Um ponto interessante no país é que, independentemente do sistema político vigente, os moradores do interior seguem um modelo socialista: você pode entrar na casa das pessoas e pegar frutas e legumes sem que o proprietário se aborreça. Há uma troca saudável dentro das comunidades.

Foi no Equador que provamos o *patacón*, uma massa feita de banana bem verde e frita. Pode ser comido como prato principal, acompanhado com frango e outras carnes ou então sozinho, como aperitivo. No entanto, o preço da carne por lá é um verdadeiro absurdo. Por isso é comum comerem o *patacón* apenas com ovos. Foi uma das comidas mais simples e gostosas que comemos nas viagens.

Cada nação, um comportamento. Toda a tensão que vivenciamos no Peru havia ficado definitivamente para trás. No Equador, nunca fomos parados pela polícia. Entrar e sair do país pelas fronteiras também ocorreu com uma normalidade ímpar.

Percebemos que na Argentina e no Chile as pessoas estão muito acostumadas a viajar de mochila nas costas, pedindo carona. Sentimos que no Peru existe uma certa desconfiança nesse sentido. Já no Equador as pessoas são mais abertas, não parecem ter medo umas das outras, por isso não encontramos problemas para conseguir hospedagem.

Com uma área total de pouco mais de 256 mil km^2, foi o menor país que visitamos na América do Sul. Nossa passagem foi rápida e o Equador nos deu a tranquilidade que precisávamos para seguir nosso caminho.

Colômbia

Estávamos receosos para entrar na Colômbia. Todos que encontramos pelo caminho nos transmitiram muito medo, dizendo ser um país extremamente perigoso, principalmente por conta do intenso tráfico de drogas.

Não podemos negar o tamanho receio que plantaram em nós quanto aos guerrilheiros das Farc (Forças Armadas Revolucionárias da Colômbia – Exército do Povo), que lutam pela implantação do socialismo na Colômbia, uma guerrilha armada. O clima por algumas vezes ficava tenso. Isso porque, enquanto seguíamos para nosso próximo destino, avistávamos muitas pessoas com roupas camufladas e armadas na estrada – o que presumimos ser o exército; por mais que não quiséssemos viajar durante a noite, como as distâncias eram muito extensas e tortuosas, não tínhamos opção. De certa forma, nos sentíamos um pouco mais seguros ao ver soldados equipados, fazendo a proteção dos viajantes, mas sabíamos que o pior ainda estaria por vir, pois os guerrilheiros se encontravam mais ao norte do país.

Subimos e descemos montanhas com o carro, andamos em estradas de pista única com muitos caminhões. Felizmente, não sofremos nenhum incidente até chegarmos a Cali. Lá, fomos convidados a ficar em um hotel onde passamos bons momentos. Aproveitamos para produzir fotos e vídeos para as nossas marcas patrocinadoras. Como não era comum nos hospedar em lugares bacanas, aproveitávamos as oportunidades, quando tínhamos uma cortesia, para produzir o material que exigia um pouco mais de requinte.

Quando chegamos a Medelín, ficamos hospedados através do Couchsurfing em um apartamento muito simpático. Foi quando veio a surpresa. Ao perguntarmos ao nosso anfitrião sobre os cuidados que precisaríamos ter ao cruzar o norte do país com a presença das FARC, ele nos disse:

– Mas vocês já cruzaram o pior trecho. Os guerrilheiros ficam ao sul, próximos à selva.

Tivemos a sorte de não ter percebido que aquelas pessoas equipadas com armas não pertenciam ao exército do governo, mas eram os combatentes das Forças Armadas Revolucionárias da Colômbia, que se vestem de forma similar. E mais ainda ao saber que poderíamos ter sido sequestrados.

Depois do susto, curtimos. Conhecemos uma Medellín que não se vê nem se ouve falar por aí, repleta de barzinhos, restaurantes sofisticados e muita gente na rua.

Chegamos a Cartagena, onde despacharíamos o carro para a cidade do Panamá. Sem alternativa, tivemos de desembolsar US$ 1.500,00, cientes também de que precisaríamos pagar mais US$ 400,00 para retirar o carro. Todo o processo foi simples, já que havíamos consultado um blog que dava as dicas e o passo a passo desse processo.

Aproveitamos para conhecer o centro da cidade e a cultura local antes de pegarmos um voo para o Panamá, onde iniciaríamos a nossa passagem pela América Central. A única infelicidade que vivemos ali foi o fato de a nossa câmera ter caído no chão e quebrado. Como ficaria muito caro o conserto, resolvemos comprar uma nova.

Foi também na Colômbia que encontramos uma pessoa que produzia placas de automóveis. Pedimos a ela que fizesse uma placa melhor do que a nossa improvisada. Ao menos essa nova placa refletia a luz! Um problema a menos, já que nunca mais nos pararam por esse motivo.

No final das contas, a nossa passagem pela Colômbia terminou sendo proveitosa, não perigosa.

A ESTRADA COMO ESCRITÓRIO

As mídias sociais

Quando deixamos a América do Sul, percebemos que o modelo de negócio que adotamos funcionava. Era evidente que a apreensão batia à porta, afinal, tudo ainda era novidade e, até o momento, não sabíamos se realmente adotaríamos aquele estilo de vida. A cada mês, recebíamos o valor combinado com os clientes, ou seja, o projeto mostrava-se viável, mas sem lucros. Gastávamos tudo que ganhávamos e por várias vezes até faltava. Era normal abdicar de uma coisa aqui ou outra ali em razão do dinheiro limitado. Mas nossa mente já começava a se abrir para tudo que viria adiante.

O Travel and Share no YouTube era pequeno – menos de 1.000 inscritos. Não passava de uma aposta. No Instagram e no Facebook também tínhamos pouca expressão. Por isso, todo o nosso tempo extra e empenho passaram a ser depositados na produção de conteúdo para o aumento de seguidores nas mídias sociais. Não queríamos depender apenas do dinheiro das empresas, precisávamos de novos recursos. A única opção para o momento era faturar com os vídeos. Todavia, sabíamos que o processo de crescimento não era rápido, e que levaria de dois a três anos para efetivamente lucrarmos um pouco.

Assim como ao abrir uma microempresa, muitas pessoas criam um perfil no YouTube e montam um canal, mas poucas conseguem sobreviver aos desafios. É um trabalho duro! O engraçado é que tem uma galera que pensa: "Ah, vocês são *youtubers*? Mas vocês não trabalham? Vivem viajando... Que vida boa, hein?". Acham que é fácil... Mas é o contrário: precisamos de paciência e dedicação para acertar o alvo, sem dar ouvidos para os comentários e a descrença dos outros.

Gravávamos praticamente todos os dias. Tínhamos esperança de que o canal decolaria, era algo inovador. A grande preocupação, além de ter a nossa reserva intocada, sempre foi a de que pudéssemos apostar no nosso trabalho e que o rendimento fosse suficiente para nos manter na estrada.

Contudo, possuíamos algo que sempre nos diferenciou.

No fundo, somos pioneiros. Não existia um canal que registrasse em vídeos, como um diário, as viagens da forma como fizemos. Somos o primeiro casal do Brasil a viajar do "fim do mundo" até o Alasca, gravando todo o trajeto e disponibilizando na internet. Depois disso, nenhum outro brasileiro, seja sozinho ou em casal, registrou tantos lugares em vídeos – apenas em livros e blogs. Possivelmente, até hoje não há ninguém que faça o mesmo que nós, considerando que realmente viajamos pelo mundo.

Divisão de tarefas

Outra coisa que nos diferencia é que temos uma vida normal como todo mundo, mas moramos em um carro. A gente levanta cedo, prepara o café da manhã, trabalha, toma banho, corta o cabelo, faz a unha, vai ao mercado etc. A maior parte dessas coisas é registrada em vídeos e fotos. A única excentricidade é o fato de que temos uma casa itinerante – se assim podemos dizer. Pouco desligamos a câmera, desmontamos o "cenário" e nos recolhemos embaixo de um teto. Como dissemos, a Gallega é como uma personagem da nossa história.

Somos um casal, mas também uma empresa. Vivemos 24 horas por dia juntos, lado a lado, por isso é absolutamente necessário que haja uma divisão de tarefas para que tudo caminhe bem, de forma produtiva.

Eu, Rômulo, sou responsável por gravar e editar, carregar as baterias, fazer *backup* de tudo que é produzido, além de cuidar da parte administrativa e financeira – eu realmente gosto disso! Sobre esta última tarefa, a administração das finanças é algo que sempre foi um ponto importante para nos manter viajando. Vivemos com pouco a fim de conseguir guardar parte do dinheiro para investir, seja em equipamentos ou em outra coisa, mas principalmente em nosso futuro.

A Mirella adora criar e se comunicar, por isso fica responsável pelas redes sociais, pelos roteiros e conteúdo dos vídeos – ou seja, ela cuida de quase toda a parte criativa – e por manter o relacionamento com os inscritos. Além de ser carismática e muito sincera, é uma ótima comunicadora, algo que ela traz da época em que trabalhava na multinacional sueca.

Estamos constantemente buscando novas empresas, patrocinadores ou oportunidades. Juntos, somos responsáveis pelo departamento comercial. A gente vive prospectando. Separamos seis horas do nosso dia para tarefas relacionadas aos vídeos. As outras seis horas dividem-se em atividades administrativas e comerciais. O restante é a vida real, arrumando nossas coisas, dirigindo, dando uma caminhada, fazendo comida, descansando etc. Afinal, ninguém vive apenas de trabalho, não é?

Cada um faz o que sabe fazer de melhor. Não há uma cobrança do tipo: "Faça isso! Faça aquilo!". Sabemos do papel que devemos desempenhar. O trabalho administrativo é braçal; já no trabalho criativo fica difícil "forçar" um *briefing*. Um profissional de publicidade fica horas pensando até que apareça uma ideia promissora, enquanto a pessoa do administrativo ou do financeiro, você sabe, tem de produzir relatórios todos os dias. E economizar.

Uma dica para os viajantes: sempre guardem as notas fiscais dos gastos. Por exemplo, na Europa, investimos em equipamentos e compramos algumas roupas de frio, entre outras despesas; quando deixamos o país, recuperamos o dinheiro dos impostos (IVA). A maioria das pessoas não sabe que isso é possível. Como sempre controlamos a conta para termos condições de seguir viagem, esse é um artifício importante que utilizamos toda vez que saímos de um país.

Algo de que não abrimos mão: manter apenas um celular. Nesse caso, nem tanto pela economia. Desde o início a gente administra o aparelho em conjunto. É mais fácil. Ninguém precisa ficar comunicando o outro. Os amigos com os quais conversamos são amigos em comum, que fizemos na estrada; então, tanto faz com qual de nós estão conversando, pois estamos sempre unidos. É natural, um mecanismo que funciona perfeitamente bem entre a gente.

Vestir a camisa

A nossa vontade de fazer dar certo a vida na estrada nos dava tanta energia que não havia percalço duro o suficiente para abalar nossa confiança. Essa crença alimentava nossa vontade de vencer. O restante sempre foi resultado das ações.

Pela primeira vez em nossas vidas trabalhávamos em algo que dependia inteiramente do nosso esforço. E como era difícil entender isso! Estávamos acostumados a vestir a camisa das empresas, lutar por uma ideia concebida, por um propósito decidido por outros, algo que já havia sido criado.

Todo o projeto Travel and Share surgiu de uma ideia, mas não ficou apenas nisso. Antes de dar o primeiro passo, analisamos exaustivamente as possibilidades e oportunidades e criamos um plano de ação. Afinal, para um projeto funcionar, ele precisa passar por várias etapas. Somente depois da fase de idealização é que passamos para a fase da iniciação.

Primeiro, levamos em consideração que deveríamos fazer vídeos para o YouTube e criar conteúdo exclusivo para empresas, mas sem ultrapassar nossos valores morais para conquistar nosso objetivo, o que incluía não realizar nada que pudesse prejudicar alguém ou nos colocar em confusão. Em segundo lugar, o nosso orçamento. Afinal, tínhamos um dinheiro que precisava ser suficiente para a viagem e para recomeçar a vida, caso tudo desse errado. Outros fatores que levamos em consideração: como viajaríamos, onde dormiríamos, como poderíamos trabalhar e também quais eram os nossos talentos. O que a gente faz hoje que pode ser utilizado para geração de renda?

Na fase de iniciação também criamos nossos compromissos: seguir juntos sempre, escutar a intuição, respeitar quando é "não" para o outro. A fase seguinte, do planeamento, requereu, é claro, um nível de detalhamento maior, pois definimos 1) todos os esforços que gerariam resultados e 2) as métricas para mensurar nossos objetivos. Afinal, um objetivo sem métrica é só um objetivo.

Nessa etapa ressignificamos todos as nossas metas para que dependessem somente da nossa determinação. Não deixamos que nenhum objetivo ficasse à mercê de terceiros, pois, se o fizéssemos, seria muito fácil deixar de cumprir vários deles e usar a mesma desculpa: "não depende inteiramente de nós". Quando conseguimos definir as métricas para avaliar a evolução desses objetivos, percebemos o quão prazeroso é poder vestir a camisa do seu próprio negócio. Se você está focado em cumprir todas as atividades restantes, estejam elas conectadas diretamente ou não a esse objetivo, elas serão fáceis e mais prazerosas de executar. É claro que nem tudo depende de você, mas existe a ecologia do sistema, que precisa ser respeitada. Pensando nessa ecologia, havia coisas que não dependiam de nós, como, por exemplo, o tempo de permanência em um país ou até mesmo a autorização de entrada ou não nele. Por isso decidimos focar naquilo sobre o que tínhamos controle, "largando" todas as outras coisas.

Todas as fases seguintes foram iniciadas e controladas por nós dois, e todos os "nãos" que recebemos foram evidências importantes de que deveríamos mudar o *speach* ou ajustar algo em nossos planos.

A estrada dá tudo que você precisa, mas ela não dá ao acaso. A estrada dá indícios. Você precisa estar atento, preparado, com o plano de ação montado e o *speach* na ponta da língua para aproveitar e agarrar tudo aquilo de que você precisa quando a estrada te oferecer.

Entre numa estrada e assuma um compromisso que você realmente ame

Apesar de vários de nossos subobjetivos serem coisas que não amávamos fazer, o nosso foco principal era apaixonante. Inicialmente a ideia de viver na estrada era algo que nos encantava, até que começamos a viajar e percebemos que a visão romântica que tínhamos desse estilo de vida não era tão real assim. Mas não desanimamos, e notamos o quão verdadeira e recompensadora essa aventura era. Não tem como dar errado se você se dedica de corpo e alma. Era como remar em uma canoa até uma ilha e, chegando lá, colocar fogo nessa canoa – não existiria outra alternativa, a não ser sobreviver. Foi o que fizemos assim que apostamos nessa nova vida: queimamos nossa canoa para que não houvesse possibilidade de voltar para a vida antiga. Nossos principais conselhos:

1. Coloque energia naquilo que dá resultado

Quanto mais você dedica seu tempo a realizar seu compromisso, mais claro fica o caminho a ser trilhado. Da mesma forma que aprendemos a estabelecer nossos objetivos, aprendemos a colocar energia naquilo que dava resultado. Nosso tempo é muito limitado, acredite. Sempre nos preocupamos em dedicar tempo para cumprir todas as nossas atividades, ou seja, os vários trabalhos que desenvolvemos e que garantem nosso sustento, além de gerar potenciais trabalhos para o futuro. Quando o dia começa, as horas são dedicadas a realizar as atividades exigidas, e só depois disso reservamos um tempo para nós dois, para socializar, para passear e tudo mais. Nesse processo de dedicar energia àquilo que dá resultado, e também com a vida na estrada, percebemos que, à medida que investimos mais tempo em realizar atividades para cumprir nossos objetivos, mais claro fica o caminho que devemos trilhar.

2. A importância de finalizar ciclos e de ser movidos por novos desafios

O planejamento não foi idealizado considerando que todos os objetivos teriam começo, meio e fim ao mesmo tempo. Coisas aconteceram e fizeram com que alguns objetivos fossem concluídos antes de outros. Houve momentos em que não queríamos que um objetivo se fechasse, como, por exemplo, chegar ao Alasca. O projeto firmado com a Nissan contemplava apenas a viagem da Argentina ao Alasca, ou seja, assim que completássemos a viagem, teríamos de devolver a Gallega. Abordaremos mais sobre esse tema à frente. O que nos ajudou nessa ocasião e em vários outros inícios e finalizações de ciclos foi uma ferramenta chamada Motivadores e Sabotadores (Ganhos e Perdas):

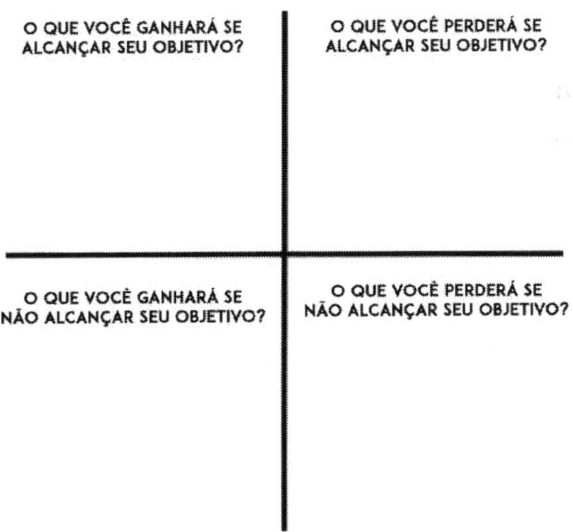

Figura 1: Motivadores e sabotadores (ganhos e perdas)

Com essa ferramenta conseguíamos avaliar todas as possibilidades e tomar decisões com muito mais segurança. Foi através dela que decidimos finalizar o ciclo das américas, mesmo sabendo que poderíamos seguir viagem sem um carro; mas também através dela conseguimos enxergar a possibilidade de seguir com o carro e criar um plano para apresentar à Nissan, a fim de continuarmos na estrada – e não só isso, mas com uma casinha. Nessa ocasião criamos um projeto para a Four Wheels Campers, que nos concedeu o camper que hoje temos acoplado à caçamba da Gallega.

3. Desafiar-se constantemente

Conforme as semanas foram passando, fomos aprendendo mais sobre cada etapa do trabalho. Aquilo que começamos a fazer com pouco treinamento – como gravar e editar os vídeos – foi melhorando, até que tínhamos um determinado padrão de qualidade de conteúdo como rotina. Poderíamos ter mantido as nossas entregas nesse padrão, afinal, conseguíamos monetizar nosso trabalho. Mas, pelo contrário, fazíamos testes constantes para implantar novas técnicas, novos conteúdos. Além disso, usamos nossas redes sociais como um laboratório de testes para entender o que dava certo e o que não funcionava para nossa audiência e para o conteúdo relacionado a viagens.

Nesse período estivemos presentes em inúmeros cursos, muitos deles *on-line*, outros presenciais, como os de storytelling, efeitos especiais, mentoria para falar em público, PNL (Programação Neu-rolinguística) e outros. Toda vez que investimos em conhecimento, automaticamente nos sentimos desafiados a fazer melhor. É como se nos cobrássemos para trazer resultado de alguma forma, seja alcançando mais clientes para nosso trabalho de criação de conteúdo ou mais inscritos e visualizações no canal. Sempre deu certo. Depois do aprendizado vem a fase da repetição, até alcançar níveis aceitáveis de produção e, assim, encontrar fórmulas para aplicar cada novo conhecimento de maneira mais eficiente.

AMÉRICA CENTRAL

Panamá

Como tínhamos despachado o carro no contêiner na Colômbia, compramos um voo apenas de ida com destino ao Panamá, onde reencontraríamos nossa querida Gallega. O problema foi que, como não tínhamos como comprovar que sairíamos do país – sem a passagem de volta –, não queriam permitir que subíssemos no avião. Mostramos todos os documentos que apontavam o nosso carro seguindo para o Porto de Colón, além de uma autorização do consulado do Panamá. Estávamos em cima da hora do embarque, e a agitação e a apreensão tomavam nossos corpos. Talvez por isso a atendente tenha tomado a decisão rapidamente, liberando a nossa entrada; se ela tivesse mais tempo para pensar, quem sabe o desfecho fosse outro.

Lá vai mais uma dica: se você for viajar de carro e tiver de entrar em algum país, tenha sempre em mãos um documento autorizando essa entrada. Se for seguir viagem de avião, tenha documentos que comprovem sua entrada e saída do país.

Fizemos uma viagem tranquila. Quando pousamos, levamos uma hora para passar pela imigração, que era bem criteriosa, para nossa surpresa. Descobrimos que não existe transporte público do aeroporto para o centro, então pedimos carona (a corrida de táxi era muito "salgada"). A Mirella foi na frente e pediu carona. Não demorou muito até o primeiro carro parar. Para surpresa do motorista, ela não estava sozinha, pois eu logo entrei em ação e fui conversar com ele. Era um funcionário do aeroporto. Deu certo, mas ele nos orientou a não tentar a sorte com outra carona, dizendo ainda que eram comuns os sequestros-relâmpago no Panamá. Outra dica para quem está indo ao Panamá é baixar um GPS no celular, porque não localizamos os nomes das ruas; é tudo bastante confuso.

Chegamos ao hotel gastando apenas US$ 1,00 cada um, referente ao valor do ônibus que tivemos de pegar depois que deixamos a carona. Não poderíamos ter feito uma economia melhor. Ônibus, definitivamente, é uma maneira barata de se locomover por lá.

Existem dois tipos de ônibus no Panamá: o *metrobus* e os *diablos rojos*, um dos símbolos da capital panamenha. O *metrobus* é mais moderno, mas você não consegue pagar com dinheiro – as passagens são pagas apenas com um cartão específico, que pode ser adquirido por turistas. O interessante dos *diablos rojos* é que são antigos ônibus escolares, que provavelmente foram desativados e vieram dos EUA já em condições duvidosas, reformados com as pinturas mais carnavalescas possíveis – esses, sim, aceitam dinheiro.

Assim que botamos os pés no quarto, pulamos na cama de casal como crianças em uma piscina de bolinhas. O divertido é que isso acabou virando uma tradição do Travel and Share.

Logo no primeiro dia, percebemos quão moderna a Cidade do Panamá é. Na região em que estávamos hospedados tudo era muito organizado e bem cosmopolita.

Saímos do hotel. Enquanto procurávamos algum restaurante japonês na região, por acaso encontramos brasileiros que passavam por perto; após um papo alegre, acabamos marcando um encontro para aquela tarde, quando tivemos a chance de nos conhecer melhor. Era um pessoal muito bacana – muitos deles trabalhavam em construtoras brasileiras e foram expatriados para viver na região e coordenar obras do governo panamenho. Foi muito legal passar a noite no apartamento deles, sem contar que a vista da varanda era sensacional.

Ficamos apaixonados pela Cidade do Panamá! É moderna e com um preço bem acessível. Sem dúvida, seria um local onde consideraríamos morar, se a segurança não fosse algo preocupante.

No dia seguinte, embarcamos em outro *diablo rojo* para o Canal do Panamá. Esperamos duas horas para ver um gigantesco navio passando pelo estreito canal. É chocante como parece milimetricamente calculado. A impressão era de que a embarcação ficaria entalada, mas não! E pensar que o canal tem 77,1 km de extensão, ligando o Oceano Atlântico ao Oceano Pacífico.

Fomos a um restaurante de comida típica panamenha. Naquele ponto da viagem, qualquer comida que nos lembrasse a do Brasil já era amada por nós! Diferentemente do Equador, parece que a carne não é problema por lá.

Na manhã seguinte, Rômulo foi de táxi para Colón, onde faria o seguro do carro no centro comercial – custo de US$ 15,00 por um mês –, e depois seguiria ao porto para liberar a Gallega. A infelicidade é que o barco só chegaria no próximo dia, à noite. Não tínhamos o que fazer. O jeito era voltar para o hotel. Por sorte, dois caminhoneiros deram carona até a cidade.

Na cidade, conhecemos o Rogelio, um empresário que, entre muitos negócios, era sócio de uma cervejaria. Como estávamos fazendo um ano e seis meses de namoro, fomos convidados para uma degustação na fábrica de cervejas, a Casa Bruxa. Nesse dia nem pensamos em trabalho; a ideia era aproveitar e curtir o momento! Era a primeira vez que tínhamos a oportunidade de conhecer uma cervejaria. Hoje virou moda, mas na época era uma novidade. Depois, seguimos de carona para Casco Viejo, na Cidade do Panamá, também conhecido como San Felipe ou Casco Antiguo, que é simplesmente o centro histórico.

Assim que o novo dia raiou, Rômulo pegou um ônibus e um táxi compartilhado com quatro pessoas até o Porto de Colón para retirar a Gallega. Recomendaram não filmar na área por ser perigoso, com um índice alto de assaltos. Após pagar a taxa na Aduana, certo de que já pegaria o carro, ele ainda teve de esperar, pois não estavam conseguindo tirar a trava do contêiner. Superado esse empecilho, já em posse da Gallega, ainda foi necessário passar por uma vistoria na alfândega. Só assim, após intermináveis quatro horas, é que conseguiu voltar para a Cidade do Panamá.

Para quem precisa despachar o veículo de barco, verifique a posição do navio pelo rastreador na internet. Diferente das outras vezes, não precisamos contratar um despachante para liberar o carro, pois fizemos tudo por nossa conta. Apesar de não ser a opção mais fácil, com certeza poupará muito dinheiro. É muita burocracia. E sempre tem gente tentando cobrar taxas a todo o momento. Tem de ter muita paciência e jogo de cintura.

Seguimos para a cidade de Santiago, onde nos hospedamos em um hotel. É importante dizer que na América Central é muito difícil encontrar alguém que hospede através do Couchsurfing, e como a gente não podia pagar por *camping* ou hospedagem, precisamos encontrar uma maneira diferente. Foi quando começamos a oferecer nosso trabalho de produção de conteúdo em fotos em troca de hospedagem.

Seguindo viagem, conhecemos, em David (uma cidade que fica a sudoeste do Panamá), o Adyobel, da polícia – um figuraça. Adyobel dizia que, depois de Jesus, ele foi a pessoa que mais salvou vidas; que foi condecorado pelo rei da Espanha e pelo George W. Bush; que era campeão de hapkidô no Japão, a arte do Steven Seagal; que tem o dom de curar os enfermos apenas com o toque de suas mãos; que, quando chegou em Israel, 200 rabinos tiraram o chapéu para ele; que seu nome estava no Guiness Book, além de muitas outras coisas... Apesar do papo duvidoso (pois não encontramos nada na internet que comprovasse todos aqueles títulos – sim, chegamos a procurar no *site* do Guiness), foi ele que nos deixou passar a noite em um pátio que pertencia à polícia. O problema é que descobrimos, no dia seguinte, que estávamos dormindo em um presídio. Passamos uma noite conturbada porque, além do calor infernal que estava dentro da barraca e da presença irritante dos mosquitos, os presidiários ficaram jogando vôlei em uma quadra próxima até altas horas da madrugada.

Às cinco horas da manhã, já estávamos levantando acampamento; tínhamos dormido muito pouco, mas não queríamos ficar naquele lugar. Não estávamos confortáveis. Nos despedimos do policial Adyobel e avançamos para o próximo destino: Boca del Toro, uma ilha bem peculiar, onde conhecemos uma comunidade indígena e pudemos descansar enquanto a chuva refrescava o período quente que vivíamos. Àquela altura, já fazia cinco meses que viajávamos.

Costa Rica

Logo nos despedimos da ilha e nos dirigimos à Costa Rica, onde ficaríamos por 14 dias. Pegamos a Gallega e seguimos para a fronteira. Entrar foi tranquilo, mas eles cobraram uma taxa de US$ 7,00 para liberar nossa passagem. Não sabemos ao certo o que significava aquela taxa, mas entendíamos que, em alguns momentos, era necessário não fazer muitas perguntas.

Chegando à cidade de Limón, um policial alertou ser perigoso montar barraca na região. Seguimos a recomendação e encontramos um hotel bem simples no centro da cidade. Dessa vez não oferecemos nosso trabalho, pois esse era o único hotel que nosso dinheiro poderia pagar. Contudo, precisamos ser sinceros: tudo era muito sujo e mal cuidado.

Na manhã seguinte, pegamos estrada no sentido de Fortuna, onde passaríamos os próximos dias em uma pousada belíssima, a 20 km do parque nacional e do Arenal, o vulcão mais ativo da Costa Rica, constantemente cuspindo lava e cinzas ao léu. Trabalhamos duro durante a nossa estadia, mas aproveitamos bastante também. Relaxamos nas piscinas termais, fizemos trilhas no meio da floresta, rapel em cachoeiras, andamos por pontes suspensas, passeamos de teleférico, descemos na mais alta tirolesa do país (com uma vista estonteante) e nadamos em um lago próximo ao vulcão.

Descobrimos que a Costa Rica é um destino muito visitado pelos Americanos – mais de 80% dos turistas vêm de lá. Era mais comum encontrar pessoas conversando em inglês do que em espanhol.

Deixamos a pousada em La Fortuna e dirigimos por 200 km até Monteverde, onde visitamos a reserva natural Curi-Cancha, onde vimos vários animais, especialmente pássaros. Depois seguimos viagem para San José, a capital da Costa Rica, e encontramos o Daniel, um costa-riquenho que nos mostraria um pouco de tudo que é tradicional por lá. Tínhamos apenas um dia para conhecer San José, por isso acordamos bem cedo e fomos visitar alguns dos principais pontos turísticos, como o Museo del Oro, o Teatro Nacional e o Mercado Público.

Nossa passagem pela capital de um país é sempre o momento de organizar a vida. Aproveitamos para enviar e receber documentos do Brasil, comprar algum produto especifico ou até mesmo nos dar o luxo de comer em algum lugar mais arrumado.

Avançamos para Malpaís e nos deparamos com péssimas estradas até alcançar o destino final; mas, quando chegamos, foi uma surpresa: lindas praias e um simpático hotel nos aguardando. Como dissemos na época: "Nada mal em Malpaís". Apesar de ser a região com menos estrutura que vimos na Costa Rica, foi lá que encontramos as praias mais incríveis, muitas delas desertas. Foi em um dia desses que tivemos a oportunidade de avistar tartarugas marinhas gigantes nadando muito próximo de nós. Tentamos também conhecer a Praia Manzanillo, mas, como estávamos em um período de chuvas fortes, alguns dos rios transbordaram, fechando a maioria das estradas da região.

Deixamos Malpaís e dirigimos por seis horas até Liberia, ao norte, a última cidade que conheceríamos na Costa Rica. Ficamos hospedados na Hacienda Guachipelin, onde está localizado o Vulcão de la Vieja, o Parque Nacional e lindas cascatas. Foi em Liberia que o Rômulo, pela primeira vez, ficou doente, com dores, febre e vômito, provavelmente por conta de algo que comemos no jantar. Como (ainda bem!) tínhamos seguro de saúde – fundamental para todos os viajantes –, fomos a uma clínica particular para um atendimento imediato. Após algumas horas voltamos ao hotel para que ele pudesse descansar, a fim de prosseguirmos.

Nicarágua, Honduras, El Salvador, Guatemala e Belize

Quando deixamos a América do Sul, à medida que subíamos, as pessoas que encontrávamos pela estrada nos transmitiam muito receio. Ouvimos histórias horrendas, como as dos índices de assassinatos pela América Central, que são terríveis. O nosso objetivo, portanto, era atravessar El Salvador e Honduras de uma só vez, praticamente sem interrupções, porque todo mundo dizia que, se fôssemos parados por policiais, morreríamos. Diziam que o modo ideal de viajar na região era o comboio, com vários carros, pois o risco de sequestro era muito grande para viajantes solitários.

"Olha, não entra aqui. Entra ali!"

"Não façam esse caminho, é perigoso!"

Voltamos mais uma vez para a frase "a estrada dá tudo que você precisa". A todo momento encontramos pessoas que nos alertaram e indicaram as melhores rotas. Foi assim que conseguimos viajar sem nenhum incidente inesperado. Nunca nos aconteceu nada de ruim na América Central. E somos muito gratos por essas pessoas.

Era Dia dos Namorados, e também dia da nossa passagem pela fronteira com a Nicarágua, que foi um pouco estressante; aquilo é uma bagunça. É gente tentando extorquir de todos os lados, inventando impostos... Depois do Peru, com certeza foi a pior fronteira pela qual passamos.

Chegamos a Granada e fizemos check-in em um bonito hotel. Ficamos sabendo que a construção original era toda em madeira, de

1910, mas que, após um terremoto, tudo foi abaixo, sendo então reformado por um grupo de investidores. Saímos para trabalhar, para tirar algumas fotos de publicidade, pois ficaríamos apenas um dia no local. Chamava-nos à atenção o fato de que, em meio ao caos de um país, às vezes encontrávamos cidades como essa, muito organizadas e com ruas que pareciam cenários de filmes. Vimos o processo de fabricação de vasos de cerâmica e "aprendemos" a fazer charutos. Estava um calor bem intenso (32° C). O bom é que pudemos aproveitar a piscina do hotel. Precisávamos de um tempo tranquilo, sabendo dos dias que nos esperavam a seguir.

Acordamos bem cedo, às 5 da manhã, para cruzar a fronteira de Honduras e El Salvador. Foram 12 horas e 530 Km rodados desde o Norte da Nicarágua até o Norte de El Salvador, onde notamos uma melhora significativa na qualidade das estradas. Para sair da Nicarágua, foram 15 minutos. Pagamos a taxa exigida e seguimos adiante. Na fronteira de Honduras, o rapaz sequer olhou o que estávamos levando na Gallega.

– Podem presentear um hondurenho com um refrigerante? – ele apenas questionou.

Como não tínhamos, ele acabou levando uma garrafa de água.

Por conta de todo o medo das histórias que ouvimos sobre a América Central, o nosso combinado era de que não pararíamos em hipótese alguma. Mas quebramos a regra e fizemos uma pausa em um McDonald's. Ninguém é de ferro!

Chegamos a Concepción de Ataco, uma cidade ao Norte de El Salvador, onde passaríamos a noite depois de uma viagem cansativa de quase 12 horas. Foi duro, mas não houve nenhum grande percalço pelo caminho, apesar de termos sido parados por policiais duas vezes. Lemos uma frase muito interessante pintada em um muro da cidade:

"El futuro pertenece a los que creen en la belleza de sus sueños." – "O futuro pertence àqueles que acreditam na beleza de seus sonhos", uma ponderação de Eleanor Roosevelt. Parecia um sinal de que estávamos no caminho certo e de que alcançaríamos o sucesso se mantivéssemos o foco, a determinação e, acima de tudo, a humildade.

Chegamos à Guatemala e encontramos um país muito pobre. Já tínhamos ideia do que encontraríamos por lá, pois acompanhamos um projeto chamado Living on One Dollar – quatro jovens americanos decidiram viver no país como a maioria da população vive, ou seja, com menos de um dólar por dia. Seguimos para a única cidade que parecia oferecer um pouco de estrutura, a capital Guatemala. Tivemos apenas um dia para conhecer o centro da cidade, que é bem moderna. Já a outra cidade, Antígua, que foi a primeira capital, é um lugar turístico, com sua beleza colonial e riqueza histórica.

No nosso segundo dia, passamos na embaixada do Brasil na Guatemala para buscar os documentos que deixamos lá. Para reconhecer firma de duas assinaturas nos cobraram US$ 40,00, mas foram reconhecidas por semelhança, e não por autenticidade. Não era o que esperávamos, não iria servir, perdemos o dinheiro. Foi frustrante.

As visitas às embaixadas do Brasil eram constantes. Para quem está fora do país, não existe outra alternativa para autenticar ou solicitar documentos senão pelas embaixadas. Nessa época estávamos abrindo o Cadastro Nacional da Pessoa Jurídica – CNPJ do Travel and Share e, por isso, a quantidade de documentos era grande. Os custos dos serviços das embaixadas sempre foram altos, mas o que mais incomodava era o atendimento: funcionários, em sua grande maioria, com má vontade. Parecia que estávamos pedindo um favor.

Seguimos viagem. Depois desse pequeno estresse na embaixada, dirigimos 8 horas para chegar à cidade de Santa Ana, onde ficamos hospedados em um hotel-boutique entre em uma floresta e um lago. Por muitas vezes na América Central os hotéis que ficávamos nos tiravam um pouco da realidade dura que vivíamos na estrada. Passar uma ou duas noites em hotéis de luxo, mesmo que para desenvolver trabalhos, recarregava a energia.

Na manhã seguinte, avançamos para Flores, quase na fronteira com Belize, para ver as ruínas maias em Tikal. Deu para compensar um pouco a frustração que tivemos em Machu Pichu devido ao mau tempo. Foi lá em Tikal que percebemos que não somos muito de captar "energia". Em Machu Picchu já haviam nos dito sobre a forte energia que é possível sentir nessas ruínas. Como pegamos mal tempo, pensamos que talvez ela só "funcionasse" com céu limpo. Em Tikal, o clima era perfeito e, mesmo assim, não sentimos nada.

Cruzamos Belize em algumas horas. Foi lá que demos a única carona da América Central: acolhemos e conhecemos Michael, um policial que todos os dias pedia carona para ir e vir do trabalho. Ele só confirmou como a situação no país é difícil, alertando que precisávamos ter muito cuidado com as pessoas que encontrávamos pelo caminho.

Com seis meses, vencemos mais uma etapa, a América Central, com pontos mais positivos do que negativos. Embora nossa passagem por lá tenha sido muito rápida, foi o período em que mais barganhamos hospedagem enquanto trabalhamos com produção de conteúdo de hotéis. Estávamos prontos para encarar a última fase do nosso planejamento das américas. E começaríamos por um dos países mais incríveis de todos.

Arriba!

CONECTAR PESSOAS

Amizades

Na primeira e segunda fases da viagem, conhecemos muitas pessoas diferentes: engenheiros, dentistas, professores, artistas etc. Nenhuma delas tinha relação com produção de conteúdo para internet ou trabalhava diretamente com vídeos e redes socais. Contudo, à medida que expandimos nossos horizontes, e com o nosso crescimento nas redes sociais, atraímos pessoas mais relacionadas ao mundo das viagens e ao audiovisual. Esse pessoal se conectou ao nosso caminho naturalmente, e isso foi ótimo, porque abriu portas para novas oportunidades.

Essa questão da conexão é bem interessante. Quando falamos que as pessoas se "conectam", queremos dizer que elas se "identificam" com a nossa causa, com o nosso estilo de vida, mesmo que não tenham pretensão de viajar como fazemos. Os sonhos são diferentes. Mas todo mundo está passando por algo nessa vida e almeja atingir seus objetivos, não é mesmo?

No nosso caso, a viagem está em nosso cerne. Ficamos em constante movimento, passando por diferentes destinos. De uma forma ou de outra, entendemos que a nossa motivação nos conecta às pessoas. Atraímos tanto alguém que trabalha em um escritório e que sonha em comprar um apartamento quanto a pessoa que deseja fazer um curso de cabeleireiro. Falamos muito sobre isso em nossas publicações.

De um tempo para cá, começamos a criar formatos diferentes de conteúdo. Passamos a gravar falando mais para a câmera, pois temos muito a compartilhar, e frequentemente o formato de "vídeo de viagem" é insuficiente para isso.

É engraçado percebermos que os amigos que temos hoje são justamente os que fizemos na estrada. Não temos mais contato tão frequente com as pessoas que ficaram no Brasil. Mas, se destes sentimos falta, o espaço é preenchido por visitantes novos todos os dias.

Nós nos movemos não apenas pelo negócio, mas pelos lugares que descobrimos, pelas pessoas que conhecemos e pelas histórias que conectamos. Tudo isso é conexão.

Mundo colaborativo

Tivemos diversos tipos de apoio – inúmeros casos mesmo. Essas colaborações surgiram de acordo com as nossas necessidades. Quando estávamos na América do Sul, nossas prioridades eram muito básicas. Precisávamos de pessoas que colaborassem com teto e comida, especialmente. Qualquer refeição que nos davam já era uma economia pensando no dia seguinte. Muito mais do que o conforto, ficávamos felizes quando recebíamos as coisas mais simples.

Conforme nossas necessidades foram mudando, a estrada nos conectava com pessoas que poderiam nos ajudar a supri-las.

Na América do Norte encontramos muitas pessoas que nos auxiliaram com serviços, o que nos dava o rendimento essencial para que pudéssemos "manter a engrenagem girando" e criar conteúdo para nossas mídias.

Na Europa houve um caso em especial. Quando lá chegamos, queríamos passar por Granada e tentamos descobrir se havia algum criador de conteúdo na região. Conhecemos o Brancoala, do canal do YouTube com mesmo nome. A gente tinha duas noites reservadas em um hotel da cidade. Quando o chamamos para tomar um café e nos conhecermos, ele topou. Depois que assistiu nossos vídeos, Brancoala decidiu nos convidar para ficar em sua casa, sendo que nunca havia recebido ninguém para dormir lá, conforme relatou. Temos o vídeo do nosso encontro que, embora fosse o primeiro, fez nos sentir como amigos de longa data.

Desde então, sempre que nos comunicamos com ele sentimos que enriquecemos um pouco. Brancoala é um cara muito inteligente, com uma pegada de empreendedorismo. Foi uma das pessoas responsáveis por nos fazer entender a nossa posição e o rumo que deveríamos tomar com nossos vídeos.

Outros viajantes bastante colaborativos que conhecemos foram o Henry e a Denise. Eles nos fizeram enxergar este livro pela primeira vez. O Henry é filósofo e escritor, e a Denise, sua esposa, contribuiu na escrita de muitos de seus livros. Eles fizeram a gente acreditar nesse projeto como ninguém. Foram dicas valiosas até chegarmos ao produto que está em suas mãos.

O Rogério é outro grande colaborador. Ele estudou Teologia na faculdade e se preparava para ser pastor. No entanto, apaixonou-se por Turismo e decidiu trabalhar com isso. Teve uma grande agência de viagem e escolheu diminuir o ritmo para viver mais tranquilo. Ele nos ensina muito porque é uma pessoa extremamente motivadora. Teve muito sucesso e decidiu recomeçar de forma diferente. Nós também. Então, estamos recomeçando nossas vidas muito próximos. Em parceria, desenvolvemos grupos de viagens.

Quanto às inúmeras pessoas que nos param na estrada, são normalmente solidárias. Muitas vezes estacionamos o carro em um posto de gasolina e elas se aproximam, curiosas ao ver a nossa casa sobre rodas, querendo saber o que levamos ali dentro quando dizemos: "Não temos casa. Na verdade, a nossa casa é a estrada. Nunca paramos em um lugar". Em sequência, sensibilizados, perguntam se precisamos de alguma ajuda. Porque todos nós sabemos a importância de ter uma casa no que tange à questão da segurança.

Continuamos encontrando pessoas que colaboram com nossa vida à medida que as coisas vão ficando mais claras em nossas cabeças. Parece que tudo acontece de acordo com as nossas necessidades. Mas não é porque hoje em dia nossas prioridades deixaram de ser "ajuda com comida e teto" que esquecemos os amigos que nos auxiliaram no início. Mantemos contatos regulares, acumulando tantas amizades quanto milhas viajadas.

E continuaremos assim.

Limites

Enquanto estávamos viajando pelas américas, nossa posição era de submissão, ou seja, precisávamos aceitar as condições de quem nos recebia em suas casas. Mas é evidente que tudo tem limite.

Certa vez presenciamos a briga de um casal que, ao que tudo indica, ocorrera porque o marido aceitou nosso pedido do Couch-surfing sem antes consultar a esposa – ou seja, nós éramos o motivo da discórdia. E ficamos ali parados, ouvindo toda a discussão, determinados a, quando acabasse aquilo, deixar a casa correndo.

Higiene é fundamental. Houve ocasiões em que a casa que nos hospedava não era tão limpa. Até aí, tudo bem. Mas há limites, como, por exemplo, na hora de dormir, de se alimentar. Em determinada circunstância, quase desistimos de passar a noite em um sofá por causa da poeira e dos muitos pelos de animais. Estávamos sem op-ção, pois não nos permitiam dormir no estacionamento onde ha-víamos parado a Gallega (nem todos eles são permitidos pernoitar, apenas estacionar o veículo por um curto espaço de tempo). Se não fosse um colchão providencial que arrastamos para dentro da casa e colocamos em cima do sofá...

Outro limite vem à tona quando encontramos pessoas extremamente negativas. Passamos por um par dessas situações. Era pesado o clima quando nos convidavam para suas casas e a única coisa a que se dedicavam era falar mal de outras pessoas. Repudiamos tal atitude. Na primeira brecha, dávamos um jeito de seguir viagem.

Insistência exagerada também conta. Em certa ocasião, uma família nos convidou para ficar em sua casa. Foi um pouco constrangedor, pois nos ofereciam coisas o tempo todo: "Vamos ali, que eu vou abastecer seu carro", "Vamos ali, que eu vou ao supermercado para encher sua geladeira", "De quanto dinheiro vocês precisam?", "Vou chamar o mecânico para trocar o óleo do seu carro" etc. A gente agradecia e dizia que não precisava de mais nada além do teto por alguns dias. Explicávamos que, se necessitamos de algo, não temos vergonha em aceitar, mas tínhamos comida na geladeira e o carro seria levado a uma concessionária da Nissan.

Ficamos dois dias numa casa quando percebemos que a pessoa passava por algum problema de depressão. Ela se sentava ao nosso lado e olhava o que a gente fazia o tempo todo, dizendo que a vida dela não tinha sentido, que não sabia o que fazer, que não conseguia trabalhar na área dela. Esse é um dos casos nos quais a pessoa acha que você vai ser o salvador dela, trazendo a solução para algum problema. A gente se sentiu muito mal, pois não tínhamos como ajudar.

Para dar conta de tudo, foi preciso limitar o tempo que temos para socializar. Antes aceitávamos todos os convites, ficávamos conversando até tarde com quem nos recebia, mesmo que depois tivéssemos de entrar madrugada adentro editando e trabalhando. Agora temos dias que dedicamos a esse tipo de interação. A responsabilidade foi aumentando ao ritmo que a audiência cresceria. Para entregar tudo que era prometido, foi necessário nos privar de algumas coisas.

AMÉRICA DO NORTE

México

Na fronteira de Belize com o México, tivemos de fazer um depósito de US$ 400,00 para liberarem nossa entrada. Segundo as autoridades locais, assim que deixássemos o país, eles nos devolveriam o dinheiro – pelo menos, essa era a promessa. O valor era uma espécie de seguro caso acontecesse algo durante a nossa passagem. Achamos melhor dessa forma porque, em Belize, por exemplo, para ficarmos apenas por três horas no país, pagamos US$ 45,00 e não reavemos essa grana.

O problema é que a quantia não era tão simplória. Na primeira tentativa de sacar o dinheiro na fronteira, o caixa eletrônico engoliu nosso cartão, e não tínhamos dinheiro vivo. Já passamos por algumas situações como essa. Sem razão aparente, o cartão é engolido pelo caixa eletrônico e você fica na mão. Foi preciso localizar um banco no dia seguinte, fazer diversos saques (por conta do bloqueio de segurança do nosso cartão, que não disponibilizava valores muito altos) e depois, ainda, trocar por dólares no centro comercial. Só assim seria possível voltar para a Aduana e pagar a taxa. Feito isso, após quatro horas, seguimos viagem para Valladolid, onde faríamos uma pausa para conhecer a cidade e descansar um pouco.

No México as estradas são muito boas. Ao contrário dos países anteriores, logo que entramos, percebemos a diferença. Pegamos uma pista expressa e seguimos para Cancun, onde tínhamos depositado grande expectativa para gravar bons vídeos.

Chegamos a um *resort* em Cancun. Um lugar realmente majestoso. Tivemos a sorte de nos hospedar por alguns dias na propriedade a convite do hotel para que pudéssemos promovê-lo em nossas redes sociais. Foi o primeiro cliente que de fato queria promoção em nossas mídias. Estávamos muito animados! Finalmente alguém via potencial em nosso conteúdo! Não sabíamos ao certo como funcionavam esses trabalhos de publicidade. Era nossa primeira vez.

Achamos que seguiríamos com a produção de vídeos como de costume, mas a responsável pelo marketing do hotel nos acompanhava em todo o tempo com uma agenda bem rigorosa. Não nos restavam muitos momentos livres durante o dia para desfrutar realmente.

Pela noite, nos deixavam mais tranquilos. Visitamos um restaurante bem peculiar, no qual o chefe deu um verdadeiro show de malabarismo, um domínio incrível dos utensílios de cozinha. A Mirella até participou, arriscando alguns movimentos com as facas.

Todavia, não podíamos continuar vivendo uma "fantasia"; precisávamos voltar à nossa realidade. Assim, deixamos o luxo e seguimos viagem. Começamos uma busca frenética por algum lugar para ficar. Encontramos mais uma vez, através do Couchsurfing, um anfitrião. O Gerson, muito atencioso, nos levou para conhecer um cenote, uma espécie de caverna com depósito de água. Foi com ele também que experimentamos *marquesitas* (um doce) e uma bebida chamada *horchata*, de coco, além de uma exótica cerveja de camarão. Conhecemos, por meio desse amigo, a vida real de Cancun – o que as pessoas que vivem e trabalham na cidade fazem. O Gerson, como muitas pessoas de Cancun, não é nascido lá; muitos se mudaram para a cidade ainda pequenos com seus pais em busca de oportunidades. Aconteceu um *boom* da indústria hoteleira e turística na região em meados dos anos de 1980. Na verdade, a cidade começou a ser construída em 1969, com a ideia de ser a região onde os americanos passariam férias.

De manhã seguimos para Mérida para providenciar o suporte que sustentava a nossa barraca (havia quebrado); até então, a gente levava muita coisa dentro do carro e não dava para dormir dentro dele com os bancos abaixados. Não tínhamos lugar para repousar, nem dinheiro para pagar um hotel. Foi a primeira vez que tivemos a sensação de estar totalmente desprotegidos.

A apreensão era justificável. Apesar de a gente ter chegado na cidade, e mesmo com aquela impressão de que não parecia ser tão perigosa, tínhamos acabado de entrar no país e não sabíamos como realmente eram as coisas. Às 22h, usávamos o Wi-Fi de uma cafeteria que estava prestes a fechar – o que aumentou bastante a nossa angústia. Começamos a pedir desesperadamente para que alguém nos recebesse pelo Couchsurfing, mas todos os pedidos que mandávamos eram negados. Quando já estávamos nos conformando, recebemos um recado de um rapaz chamado José: "Hoje é meu aniversário e eu vou ao *show* do Cirque du Soleil; voltarei à meia-noite para casa, então, posso recebê-los depois desse horário".

Foi um alívio! Fomos para a Gallega e seguimos para o estacionamento de um supermercado, onde aguardaríamos até a meia-noite. Aproveitamos para fazer a nossa comida. Foi quando ocorreu um episódio interessante: enquanto cozinhávamos, percebemos um jovem, que trabalhava empurrando carrinhos no estacionamento, olhando pra gente, tentando ver o que estávamos preparando. A Mirella disse: "Nossa comida deve estar cheirando muito gostoso". Acabamos dividindo o nosso jantar com ele, que ficou muito feliz!

Assim que o relógio marcou meia-noite, seguimos para a casa do José, um mexicano casado com uma argentina. Todas as pessoas que conhecemos no México nos indicaram o melhor caminho para viajarmos com tranquilidade, e José foi uma delas, dando uma dica valiosa de como atravessar a parte mais insegura do país. Somos muito gratos.

Mas a estrada era longa e precisávamos continuar. Assim que o sol despontou no céu, dirigimos por 600 km até Villa Hermosa. Lá fizemos uma pausa para descansar, já que faltava um bom percurso até a Cidade do México, nosso objetivo. Dessa vez, não tivemos sorte com o Couchsurfing. Quanto mais no interior a cidade era, mais desconfiadas as pessoas aparentavam ser. Ficamos em um hotel, não tivemos outra alternativa.

Fomos para Puebla, uma cidade bem tranquila, que há muitos anos foi a segunda mais importante do México, porque ligava todos os europeus, principalmente os espanhóis, que chegavam no Porto de Veracruz para a Cidade do México. Puebla tem muitas igrejas, muita comida, uma variedade enorme de doces. Lá vivemos uma das situações mais duras e muito recorrentes na viagem: havia um prato muito típico da cidade chamado *Mole Poblano*, preparado com mais de 30 ingredientes; segundo os locais, tem gosto de chocolate. Queríamos muito provar!

Fomos ao centro procurar por um restaurante típico.

– Senhor, quanto custa o prato de *Mole Poblano*?

– 360 pesos – disse o garçom.

Trocamos olhares e sabíamos que a resposta era negativa. Estava muito acima do orçamento daquela semana. Deixamos para a próxima visita, sabe-se lá quando.

Chegamos à Cidade do México, fomos para o hotel e conseguimos trabalho por 21 dias na cidade, produzindo vídeos e fotos. Tentávamos ao máximo otimizar nosso tempo e cumprir com tudo que tínhamos de gravar até as 15h para que, no restante do dia, pudéssemos focar no nosso projeto, ou seja, nossos próprios vídeos e fotos para as redes sociais.

Conhecemos lugares e pessoas hospitaleiras como nunca. Comemos comida de rua, experimentamos diferentes doces apimentados – mas nem tanto quanto imaginamos no Brasil. Assistimos à famosa luta livre mexicana – uma experiência muito divertida, algo que todos os turistas devem conhecer. Passeamos por Roma, o bairro mais descolado do México onde vivem os artistas, onde se encontra comida orgânica em cada esquina, galerias de arte e hotéis-boutique por todos os lados. Outro ponto alto da nossa passagem pelo México foi um voo de helicóptero para ver a cidade de cima. Uma experiência bem interessante, diferente de tudo que vivenciamos até então. Para nós foi incrível gravar imagens aéreas, pois naquela época os drones ainda não tinham se popularizado, e não passava nem perto da nossa cabeça ter um equipamento desse algum dia. É impressionante o tamanho da metrópole.

Ainda no México, passamos por San Luis Potosí, onde conhecemos o centro histórico. Ficamos apenas por uma noite. No dia seguinte, dirigimos até Monterrey (550 km de estrada) para avançar e cruzar a fronteira com os Estados Unidos.

Foi também em terras mexicanas que conhecemos um brasileiro, mais especificamente um jornalista, chamado Vinícius. Ele tinha sido transferido para lá e trabalhava em uma agência de publicidade. Conversando, absorvemos um pouco de sua experiência e ele nos abriu os olhos para o fato de que as notícias ruins vendem, no entanto, precisávamos optar por conseguir seguidores a granel ou qualificar o público. O trabalho dele no México era justamente compartilhar boas notícias, coisa que não vemos muito nos jornais hoje em dia. A conversa foi muito importante para repensarmos a nossa postura e o conteúdo que compartilhávamos nos vídeos e nas redes sociais. A partir daí os nossos seguidores devem ter percebido uma certa mudança de atitude nos vídeos.

Infelizmente, na Cidade do México fomos furtados pela segunda vez (antes havia sido a placa da Gallega, lembra-se?). O Rômulo deixou a carteira no bolso da calça quando estávamos no metrô. O ladrão foi tão rápido que, até chegarmos ao hotel para bloquear o cartão ligando para a operadora, ele já tinha feito três compras num total de R$ 300,00. Apesar de tentarmos, o banco nunca nos devolveu esse dinheiro.

Novamente as pessoas nos transmitiram muito medo, dizendo que, assim que entrássemos no México, correríamos risco de morte, enfatizando que era muito perigoso, especialmente pela violência que o tráfico de drogas gera no país... Entretanto, com exceção do furto da carteira, não passamos por nada que colocasse nossa segurança em xeque.

De todos os países pelos quais passamos até então, o México foi onde sofremos mais com o calor. Suávamos sem parar. Mas isso não prejudicou a nossa empolgação com o que estávamos vivenciando.

Nesses seis meses, percebemos que, por mais que tivéssemos planejado financeiramente bem a viagem, muitos imprevistos aconteceram – a maioria referente a gastos por viajar com carro, como o despacho no Porto do Panamá, ou uma alteração de rota que consumia mais combustível. Sem contar o grande vilão: a alta do dólar.

Fizemos um levantamento e, naquele instante, estávamos há 190 dias na estrada e tínhamos passado por 14 países. Em 147 desses 190 dias, ficamos hospedados gratuitamente (fosse dormindo no carro, através do Couchsurfing ou em cortesias de hotéis). Foi preciso desembolsar verba para hospedagem apenas em 43 dias dos 190 contabilizados; ficamos em *hostels*, hotéis, albergues e *campings*. Esse controle foi fundamental para mantermos o nosso orçamento em dia.

Durante toda a viagem até o México ainda contávamos com os R$ 4.000,00 dos patrocinadores. Em julho de 2015, com a crise econômica e governamental que se iniciou no Brasil, várias empresas desistiram de manter o contrato. A partir daí, só poderíamos contar com duas empresas e com uma renda de R$ 2.000,00. Tínhamos menos de 1.000 inscritos no canal nessa época, e estávamos prestes a entrar nos EUA.

A insegurança nos abraçou como um furacão. Contudo, lembramos da nossa lista de pactos: se nos esforçássemos ainda mais, conseguiríamos ultrapassar as dificuldades.

Era o único jeito.

Estados Unidos da América

O período durante o qual ficamos nos EUA foi muito especial para nós, porque era um desejo muito grande que carregávamos.

Um dia antes de cruzar a fronteira já sentimos o nervosismo pulsando nas veias, pois não sabíamos como seria essa nova etapa da viagem ou se encontraríamos problemas para entrar no país. Estávamos certos de que o controle da polícia seria muito duro. A verdade é que nos surpreendemos. Vimos claramente a diferença entre fronteiras: todas eram muito rigorosas em relação à documentação, mas nos Estados Unidos o sistema era claro. Você precisa apenas de visto e passaporte com validade; se estiver tudo dentro do prazo, a entrada acontece sem problema algum.

Estávamos de fato embarcando no Primeiro Mundo. Nas américas do Sul e Central, contávamos muito com a sorte (por exemplo: se o encarregado da fronteira iria ou não com a nossa cara). Era tudo muito incerto, além da corrupção latente. Nos EUA a situação já havia mudado.

Entregamos os documentos, a Gallega foi fotografada e escaneada; um cachorro policial inspecionou nossos pertences com seu nariz treinado. Não passamos por esse controle em outros países – a impressão é foi a de que qualquer um poderia entrar com algo ilegal sem ser notado. Foi interessante notar a diferença. Levamos duas horas para atravessar e entrar efetivamente no país, já que havia muito trânsito por conta do *scanner*. Quando percebemos, já estávamos nos Estados Unidos.

Apesar de não ser uma terra completamente estranha para nós dois – ambos já havíamos viajado para o país –, a visão que se tem ao atravessar os Estados Unidos de carro é completamente distinta, pois cada parte dos EUA parece um país diferente. Acreditávamos que os americanos não seriam tão hospitaleiros quanto os latinos, mas torcíamos pelo contrário. Afinal, dependíamos muito do Couchsurfing e estávamos contando com isso; não tínhamos dinheiro para ficar em hotéis. Ficaríamos por pelo menos três meses no país. Se tivéssemos de pagar pela hospedagem, estaríamos literalmente perdidos. Felizmente, em nossa primeira tentativa, conseguimos ficar na casa de um casal em San Antonio, no Texas. E o mesmo se deu ao longo dos sete meses de viagem pelos Estados Unidos.

Já no primeiro dia na casa do casal Courtney e Erik eles nos convidaram para um festival de *food trucks*, e na manhã seguinte nos levaram para descer um rio em cima de boias. Pura radicalidade! Podemos dizer que começamos muito bem nos EUA. Também foi no Texas que conhecemos o poder do *networking*. A gente contava nossa história e, diferente do que acontecia nos outros países, as pessoas indicavam seus conhecidos em outros estados.

Estávamos em um período muito difícil e muito sensível por conta da redução brusca da nossa renda, portanto, era um momento de submissão; precisávamos não só que as pessoas nos recebessem, mas que nos dessem qualquer ajuda possível. Muitas vezes entrávamos em grupos do Facebook (mais especificamente, grupos de brasileiros nos EUA) e contávamos a nossa história, dizendo que estávamos viajando o mundo, precisando de lugar para ficar e, principalmente, de trabalho.

Uma das primeiras pessoas que nos ajudaram foi a Lilian. Ela é brasileira, casada com um americano, o Clay, e nos acolheu, oferecendo algumas tarefas remuneradas. A verdade é que eles nem tinham o que pedir, mas inventavam qualquer coisa simplesmente pelo prazer de nos amparar e remunerar a fim de que seguíssemos viagem. Eles nos pagavam para lavar a frente da casa, para organizar a garagem etc. Foi uma família com a qual tivemos uma conexão muito grande. Como estávamos longe de casa, e também sensibilizados pela falta de dinheiro, sempre que tínhamos de nos despedir de um amigo lá no Texas vinha a vontade de chorar, porque nos sentíamos confortáveis, acolhidos.

Seguimos viagem para Austin, onde ficamos na casa do Aron. A família dele é toda americana, mas, como o pai foi transferido para o Brasil quando Aron era criança, ele fala português. O Aron foi a pessoa que mais nos conectou com pessoas nos EUA. No país todo encontrávamos amigos de amigos do Aron dispostos a nos receber, nos auxiliando a traçar nossa rota pelos Estados Unidos. Ele, além de ser muito divertido, nos mostrou vários lugares; inclusive, ele conseguiu tarefas para nós na casa dele e na dos vizinhos. Ralávamos o dia inteiro para juntar uma grana para os próximos passos da viagem. A gente queria sair à noite, gravar os vídeos e conhecer a cidade, mas o nosso orçamento para isso era o mínimo possível. Aron via que estávamos juntando esse dinheiro, então nos levava para comer em bons restaurantes, para jogos de beisebol, ou seja, somente passeios caros. O problema é que tínhamos vergonha de dizer que não poderíamos gastar! Não sabíamos como lidar com a situação. Mas, no fim, valeu! Trabalhamos muito e saímos de lá sem dinheiro, porém, realizados.

Depois do Texas a gente seguiu viagem para a Costa Oeste dos Estados Unidos. Em muitos dos estados, principalmente no centro, só encontramos o deserto. Nada acontecia. A maioria das pessoas mora nas costas Leste e Oeste; no centro, há muita atividade rural, gente que reside em fazendas e cria animais. Pouco aconteceu, realmente, no centro dos Estados Unidos. Nossa vida era como um *tumbleweed*, aquele monte de feno rolante que encontramos no deserto, sempre seguindo em frente.

Até que chegamos ao Novo México e encontramos um estado menos rico, com clima diferente, bastante quente e com muitos imigrantes mexicanos. Foi um período bem legal, porque pudemos fazer um *tour* em Albuquerque, visitando os lugares/cenários retratados em uma série que adoramos: Breaking Bad. Até comemos na lanchonete Los Pollos Hermanos, onde compramos também um bonequinho do Mr. White, um dos personagens dessa série – a partir desse dia, ele viaja conosco no painel da Gallega.

Àquela altura precisávamos de dinheiro novamente, então, conseguimos trabalho: limpar um terreno. A dona da casa nos pediu que retirássemos todas as plantas pela raiz. O terreno tinha uns 500 metros quadrados. Quando começamos o serviço, percebemos que as plantas tinham espinhos, e não possuíamos as ferramentas adequadas para a tarefa. Precisávamos do dinheiro, então, fizemos nosso melhor. Demoramos dois dias para realizar todo o trabalho. Eu, Mirella, confesso que chorei em determinado momento porque, no final do primeiro dia, me apavorei ao ver que não tínhamos feito nem a metade. Já havíamos encontrado três escorpiões gigantes e estávamos com as mãos machucadas pelos espinhos. Acredito que foram momentos como esse que serviram para validar nosso compromisso com o Travel and Share. Estávamos destruídos, física e emocionalmente, mas sabíamos que, se superássemos essa fase, poderíamos aproveitar o interesse do público a respeito dos Estados Unidos e crescer nossa presença nas redes sociais. Isso melhoraria nosso rendimento. Nesse dia, quando nos recolhemos para descansar, reforçamos nosso compromisso com a viagem. Colocamos mais uma boa dose de confiança em todo o nosso projeto e dormimos. No dia seguinte, seguimos para terminar de limpar o terreno. Não me lembro dos espinhos e escorpiões daquele dia. Sei que houve muitos, mas em toda a estrada encontraremos "espinhos" e "escorpiões"; o jeito é aprender como seguir sem se machucar com eles.

Naquele ponto da jornada, pouco antes de entrarmos na Califórnia, resolvemos telefonar para a Nissan. Não tínhamos uma rota exata traçada, mas queríamos cumprir os nove meses de viagem para o Alasca, o prazo estimado. Era o que havíamos combinado, era o nosso compromisso. Contudo, havia um problema. Comentamos com eles:

– Temos duas possibilidades: ou a gente dirige sem parar pela Califórnia e chega correndo em dois meses ao Alasca para cumprir a meta, ou diminuímos o ritmo para aproveitar mais os lugares e criar mais conteúdo...

– Fiquem tranquilos, a partir de agora será no tempo de vocês! – o representante da Nissan respondeu. Ficamos muito aliviados com aquela resposta. Sabíamos que poderíamos seguir devagar, curtindo realmente cada local.

Depois do Novo México, avançamos para Los Angeles. Quem nos hospedou por lá foi a irmã do Aron, a Debe. Como ela iria para a Europa e precisava de alguém para cuidar do cachorro, ficamos três semanas na casa dela, sozinhos, aproveitando o momento como casal, sem que precisássemos ficar interagindo com outras pessoas, como vínhamos fazendo até aquele momento. Em Los Angeles, portanto, tivemos mais tempo para conhecer os lugares com calma, sentir cada passo, cada respiração. A partir de lá, a gente começou a se preocupar cada vez mais com a qualidade dos conteúdos produzidos.

Após Los Angeles, fomos para San Diego, e novamente um brasileiro nos hospedou, o Juca. Ele era ex-repórter da ESPN e ficou muito interessado pela nossa história, não só por que estávamos viajando pelo mundo, mas por gravarmos vídeos para a internet. Ele conheceu nosso canal, assistiu a alguns vídeos e comprovou que tínhamos muito potencial, mas também uma limitação grande na gravação e na edição. Foi ele quem nos ensinou muito sobre técnica de edição, gravação, sobre a importância do microfone etc. Foi um curso grátis muito especial. Mais uma vez tocamos naquele ponto: "a estrada dá tudo que você precisa". Aprendemos, na estrada, algo essencial para melhorar a qualidade dos nossos vídeos.

Na sequência, dirigimos pela Route 1 (Rota 1) até São Francisco, uma estrada belíssima com a qual todo mundo sonha em viajar. Também conseguimos ficar na casa da Cirlene, uma brasileira, indicação de uma amiga do Rômulo. Ela não era acostumada a receber muita gente em casa, mas abriu as portas e nos deu total liberdade. Essa moça enchia a geladeira e nos orientava a não nos preocuparmos em comer fora de casa. São pequenas coisas que parecem não fazer diferença, mas que, para um viajante, são uma ajuda incrível, imensurável.

Uma coisa interessante que acontece nas residências dos Estados Unidos é o momento do jantar. Sentam-se juntos à mesa e conversam sobre como foi o dia – é um momento sagrado. Era algo que não estávamos acostumados a fazer e que hoje valorizamos muito.

O que nos impressionou neste país, muito mais do que as belezas naturais, foi a sua imensidão, suas estruturas perfeitas... Para tudo quanto é lugar que você vai as estradas são gigantes e muito bem preparadas para receber os veículos. É possível dormir com tranquilidade em qualquer estacionamento. Tudo tem fácil acesso. Existem muitas lojas e grandes redes por todo o país.

O nosso objetivo nos Estados Unidos era conhecer o maior número de estados possível para entender as diferenças. Nós não somos muito de caçar belezas naturais, a gente visita uma maravilha ou outra, é claro, mas gostamos é de conhecer a cultura, de entender como as pessoas vivem. Para fazer isso, precisamos estar em lugares urbanos. Então visitamos muitas cidades e, em algumas delas, cenários que víamos apenas em filmes. Por exemplo, em São Francisco conhecemos a Golden Gate. No Arizona, o Grand Canyon. Mas, em muitos desses pontos, ao chegar lá, percebíamos que era marketing de Hollywood – eles nem eram tão impressionantes assim. Ao contrário dos cenários, as pessoas que conhecíamos faziam toda a história ficar incrível.

Depois de São Francisco, fomos até Portland, Oregan. Austin e Portland foram as cidades com estilos diferentes de todos os outros que encontramos nos EUA. No país inteiro você encontra pessoas extremamente consumistas, que vivem uma vida muito confortável, sem se preocupar com o meio ambiente ou com o impacto de suas decisões de compra. Mas, nessas duas cidades, vimos um senso de comunidade muito grande. As pessoas estão muito mais preocupadas com o meio ambiente. Não compram cachorro, por exemplo, mas adotam, tanto é que os abrigos de animais acabam importando cachorros de outros estados para dar conta da demanda: há tanta gente querendo adotar, que acaba faltando. Apesar das muitas lojas e redes conhecidas, eles preferem adquirir seus produtos de um fornecedor local, a fim de incentivar a produção.

Descobrimos algo em Portland que abriu nossa mente para uma maneira bem peculiar de cobrar por serviços e que começamos a aplicar naquilo que fazíamos nos Estados Unidos. Conhecemos um sistema de venda chamado *gift economy*, ou seja, "economia de presentear". Por exemplo: havia um restaurante com pratos elaborados, mas com um menu que não tinha preço – você pagava o quanto achava que aquele prato valia. A partir do momento em que você não cobra, não estipula um valor, você permite que a pessoa use a própria experiência para formar o preço. A gente começou a apostar nisso. Em todo trabalho que começávamos a fazer, perguntavam:

– Quanto vocês cobram para limpar minha garagem?

– Vamos limpar a sua garagem e, se gostar, você paga o quanto achar justo.

A partir desse momento, conseguimos receber valores muito maiores do que a gente esperava ou estava acostumado a cobrar!

Depois de Portland, cruzamos os Estados Unidos pelo centro até a Costa Leste. Passamos o Natal com a família da Mirella, uma tia e uma prima que moram em Nova York. Pudemos descansar um pouco e tirar o pé do acelerador, afinal, estávamos viajando por muito, muito tempo.

Quando chegamos a Miami, na Flórida, encontramos, em um estacionamento, um carro com uma barraca muito similar à nossa. Ficamos ali trocando olhares por um tempo, até que veio um rapaz falar conosco. Conversamos e esse moço nos contou que ele e a namorada eram poloneses recém-chegados aos Estados Unidos. Para eles, tudo era novidade. Logo sentimos a "tal da conexão" e decidimos acampar juntos naquela noite. Arrumamos, portanto, um lugar para dormir e ficamos alguns dias na companhia daquele casal, Greg e Beta.

Fomos até Key West, cidade mais ao Sul dos Estados Unidos, pertíssimo de Cuba (80 km). É uma cidade com um clima muito diferente, mais desapegado, com muita festa; as pessoas vão para lá para curtir. Quando chegamos, vimos que era proibido acampar na rua, e o único *camping* custava US$ 30,00. Não poderíamos gastar aquele dinheiro, nem o Greg e a Beta. Sendo assim:

– Vamos arriscar dormir naquele cantinho, naquele terreno. O máximo que pode acontecer é um policial aparecer no meio da noite e tirar a gente daqui.

Não nos tiraram no primeiro dia. No segundo dia, outros carros chegaram para estacionar. No terceiro, tinha tanto carro estacionado que virou um *camping*. Seria muito difícil um policial expulsar todo mundo dali.

Depois dessa parada, subimos de novo pela Costa Leste, pois precisávamos sair dos Estados Unidos e entrar no Canadá em poucas semanas: o Rômulo tinha passaporte espanhol e poderia ficar nos EUA por três meses (estávamos quase cumprindo esse tempo), mas teria de sair por pelo menos um mês. Como eu já tinha morado nos EUA, possuía o visto.

Enquanto subíamos a costa para o Norte, acompanhados pelo casal de amigos poloneses, percebemos que eles estavam meio sem rota, sem destino, sem um objetivo claro.

Como curtiram muito tudo que fazíamos, da proposta do canal ao nosso estilo de vida, resolveram montar um blog, pois gostavam muito de fotografia e seria uma boa forma de registrarem a viagem.

Viajar é muito bom, mas se não existe um objetivo, um propósito, depois de um tempo tudo fica cansativo, todo lugar pode parecer igual. Já conhecemos muita gente na estrada que sentiu o mesmo, por isso essas pessoas começam a escrever blogs ou fotografar quando fazem viagens longas, pois é um objetivo para além de viajar.

Quando passamos pela costa da Flórida, fizemos uma pausa em uma marina em Jacksonville. Lá, o Greg, que sabia fazer de tudo, inclusive trabalhar com carpintaria (e era muito habilidoso no que fazia), prontificou-se a construir umas gavetas na caçamba da Gallega. E era realmente o que precisávamos, porque viajávamos com as caixas plásticas e acabava entrando muita areia nelas; era muito trabalhoso limpar e arrumar tudo.

– Eu posso montar as gavetas pra vocês, é só comprarem o material que eu faço.

Ele foi conosco a uma loja, disse tudo o que precisava – madeira, pregos, parafusos e cola – e simplesmente construiu as gavetas em três dias. Ele salvou a nossa vida. Sério!

Depois disso nos despedimos, mas com a promessa de um reencontro. Tínhamos de ir para o Norte e eles iam em direção a Los Angeles.

O momento mais difícil dessa fase foi quando o visto canadense da Mirella foi negado. Ela havia preenchido o documento, mas não colocou todas as informações necessárias. Para pedir o visto canadense dentro dos Estados Unidos, basta preencher um formulário, diferente de quando solicitamos o visto americano, quando passamos por uma entrevista. Ao recebermos a carta informando o visto negado, sofremos um choque! Para entrar no Alasca dirigindo precisávamos daquele visto canadense de qualquer jeito.

Eu, Rômulo, tinha passaporte espanhol, com livre entrada tanto nos EUA quanto no Canadá; como dissemos, a única diferença é a questão dos "três meses dentro do país e um mês fora". Era justamente o que estava acontecendo... Meu tempo de permanência estava vencendo, mas a Mirella não poderia entrar no Canadá. Desesperados, ela tentou o visto de novo, mas não sabíamos quando viria uma resposta.

Esse momento foi bem marcante também porque tínhamos combinado com um criador de conteúdo, que mora em Nova York, a gravação de um vídeo colaborativo. Sabíamos que nos ajudaria bastante na nossa divulgação, pois o canal estava crescendo como nunca desde nossa entrada nos EUA (com 900 inscritos): naquela altura já tinha cerca de 10 mil inscritos – o que não era nada perto do número de seguidores dele.

Estava chovendo muito nesse dia. Fomos para o centro de Nova York, em Manhattan, mas, como estávamos bem molhados, tivemos de comprar algumas peças de roupas novas, já que era impossível aparecer no vídeo daquela forma. Feito isso, enquanto esperávamos na porta do prédio, ele nos ligou dizendo que não poderia mais gravar. Isso foi perto das duas da tarde. Um balde de água fria em nossos ânimos.

Para complicar, eu tinha até o dia seguinte para sair do país. Era preciso dirigir de Manhattan até a fronteira. Como eram muitas horas no volante, se eu fosse sozinho, precisaria fazer várias paradas para descansar; assim, a Mirella acabou indo para revezar a direção. Seguimos até o Norte do país, próximo à fronteira, até a última cidade, onde ela desceu para pegar um trem de volta para Nova York, onde ficaria na casa da tia. Foi a primeira vez que precisamos realmente nos separar, desde que a gente se conheceu, sem ter ideia de quando voltaríamos a nos ver. Era uma incógnita saber quando Mirella receberia o visto liberando sua entrada no Canadá. Não foi fácil! Mas não havia alternativas. Teríamos de encarar aquele desafio.

Após uma calorosa despedida, entrei no Canadá com o carro e segui direto para Montreal, onde fiquei hospedado por um mês na casa de um casal, a Anya e o Paulo – um amigo da Mirella da época em que ela fez um mochilão pela Europa.

Foi então que veio a questão: Como daríamos continuidade aos trabalhos e aos vídeos do canal estando separados? Naquela época, gravávamos vídeos todos os dias. Decidimos, desse modo, que eu sairia para gravar, por exemplo, três ou quatro vezes por semana, e a Mirella faria a mesma coisa, só que em Nova York.

A verdade é que acabamos tirando esse desafio de letra. Conseguimos conciliar muito bem o canal e o nosso trabalho, mesmo estando separados.

Por conta dessa distância, a Mirella acha que foi nesse período de separação que eu decidi pedi-la em casamento.

Ela estava certa.

Mas que fique somente entre eu e você, ok?

Canadá e Alasca

A neve flutuava pelo céu. O frio ficava entre -10° C e -20° C. Foi nesse clima que eu, Rômulo, todo encapotado, passei o mês em Montreal, aguardando a chegada da Mirella, explorando a cidade com a sorte de ter a companhia do anfitrião Paulo nos períodos da manhã, já que ele trabalhava à tarde. Outra coisa que ajudou bastante, uma vez que a cidade é bem cara, foi o cartão de metrô que me disponibilizaram para que eu pudesse andar despreocupado e sem gastar com transporte.

A verdade é que não foi fácil ficar todo esse tempo separado da Mirella. O bom é que, aqui no livro, podemos pular para a parte em que ela chegou ao Canadá, após uma viagem de trem de 10 horas. Ufa! Nosso encontro foi bastante emocionante.

O ideal para viajar pelo Canadá é o clima mais ameno. Estivemos por lá entre o final do inverno e o começo da primavera, que não tem nada a ver com a primavera do Brasil. Pegamos neve, e não era pouca coisa – um tapete branco de 15 cm.

Quando estamos viajando pelo mundo, apesar de tentarmos nos programar ao máximo para visitar os lugares mais frios em épocas mais amenas, há uma série de questões – como um visto que está vencendo, nos obrigando a deixar um país, o que nos impulsiona adiante, independentemente da "previsão do tempo". Afinal, vivemos e trabalhamos na estrada, não estamos simplesmente viajando a passeio. É preciso garantir que teremos dinheiro para continuar o projeto.

Não poderíamos viajar pelo Canadá dormindo na barraca, no frio, pois não havia condições humanas para suportar isso. Certamente morreríamos congelados. A única maneira que encontramos foi contar mais uma vez com a ajuda de pessoas para nos hospedar em suas casas. Felizmente cruzamos o Canadá de ponta a ponta durante quatro meses e tivemos muita sorte de encontrar pessoas legais que nos receberam por lá. Como são poucas províncias, solicitávamos semanas para ficar em cada casa, diferente de outros países que visitamos, onde normalmente dormíamos duas ou três noites apenas. Em Toronto, uma família de brasileiros, a Luciene e o Mário, nos recebeu por um mês. Tínhamos um quarto só para nós dois. Fomos tratados como dois filhos.

Os Estados Unidos são um país multicultural, mas lá se pode ver o gueto dos brasileiros, o gueto dos chineses, o gueto dos mexicanos; as comunidades são distantes e não interagem tanto umas com as outras. No Canadá, não existe essa separação. Foram muitos imigrantes que encontramos nas curvas e retas da estrada. Na verdade, só conhecemos um nativo no dia que em chegamos à casa dele, onde também fizemos amizade com uma australiana e uma russa, hospedadas lá por meio do Couchsurfing. Era gostoso ver que os amigos dele não eram necessariamente canadenses. O Canadá não é só multicultural, "cada um na sua", como nos EUA, mas as pessoas se misturam muito bem e as coisas funcionam de forma diferente para aqueles que são imigrântes. Apesar do frio rigoroso, isso nos encantou muito. Vimos um país cheio de oportunidades e com paisagens belíssimas. Damos destaque à cidade de Banff, com suas lindas montanhas e lagos, além dos simpáticos e imponentes ursos que passam com frequência pelas estradas.

Foi ali que "caiu a ficha": estávamos longe de casa. Embora tenhamos viajado bastante pelos EUA, não vimos nem 30% do país – muito por conta do visto, que nos obrigava a sair. Apesar da oportunidade de ter uma estadia mais longa no Canadá, achamos que estávamos postergando demais o final da etapa das américas, evitando o nosso objetivo, que era chegar ao Alasca. Certo dia, saindo de Banff, dissemos um para o outro:

– É o momento! Vamos para o Alasca! Precisamos cumprir essa missão.

Era preciso concluir um ciclo para começar outro, mas não tínhamos noção de quanto tempo levaríamos até lá. Foram cinco dias dirigindo sem internet e tomando banho na estrada. Não tínhamos ideia de quão longe era. As cidades ficavam muito distantes umas das outras.

O tempo começou a melhorar à medida que nos aproximávamos do Alasca. Apesar de fazer muito frio (afinal, estávamos no extremo norte do continente americano), conseguimos dormir na barraca. Contudo, tivemos alguns problemas: quando chovia, entrava muita água; se comprávamos comida para dois dias, acabávamos perdendo, por não conseguirmos manter refrigerado durante a noite.

Dirigindo para o nosso destino final – pelo menos o referente àquela etapa que arquitetamos em São Paulo –, refletimos bastante sobre a jornada. Concluímos que socializar com as pessoas toma tempo, apesar de gostarmos muito dessa parte, e gravar e produzir conteúdo leva mais tempo ainda. Não sobrava espaço para processarmos direito o que estávamos vivendo e muito menos um tempo para nós dois. Nesse momento percebemos a necessidade de melhorar nossa qualidade de vida dentro da Gallega.

Quando vimos a placa "Alasca", descemos do carro como duas crianças. Chegamos lá em junho, no começo do verão. Pulamos, nos abraçamos, nos beijamos, não sabíamos se colocávamos o tripé para tirar aquela tradicional foto ou se fazíamos outra coisa! Estávamos completamente eufóricos e com a sensação de dever cumprido. Foi um grande marco da nossa aventura, algo que a gente sonhava desde o primeiro dia de viagem, que levou um ano e meio para concluir. Olhamos para trás, lembramos dos bons momentos e, apesar das dificuldades que passamos, percebemos como era fácil conhecer o mundo todo. Muita gente acha que chegar ao Alasca de carro é impossível, mas de fato não é. Só é preciso comprometimento e uma boa dose de coragem.

Gostamos muito de um filme chamado "Na natureza selvagem", baseado em uma história real das viagens de Christopher McCandless pelo Alasca. Tivemos a oportunidade de visitar os locais de gravação. Não daremos *spoilers*, mas nessa história tem um ônibus muito importante, que até hoje está abandonado no mesmo local. Para chegar até ele, era necessário seguir com um guia por três dias e atravessar um rio tomando muito cuidado para não esbarrar com ursos. Vimos que aquela aventura não seria possível, já que o rio estava muito cheio na época do verão. Desanimados, quando estávamos indo embora, paramos em um lugar onde havia uma plaça com os dizeres "Ônibus do 'Na natureza selvagem'". Assim como o farol do fim do mundo lá no início da aventura, o veículo não era o verdadeiro, mas uma réplica. Não nos importamos com isso e ficamos muito felizes – e, claro, gravamos um vídeo.

A partir dessa visita ao Alasca, começamos a pensar em como era importante trabalharmos e nos dedicarmos a melhorar a nossa maneira de viver. Tínhamos cumprido quase dois anos de viagem, o corpo e a mente estavam dando sinais de fadiga. Se nós queríamos realmente adotar aquilo como estilo de vida, precisávamos fazer algumas adaptações.

Saindo do Alasca, a gente dirigiu até Vancouver e voltou para os Estados Unidos pelo estado de Washington. Teríamos de escolher nossos próximos passos. Tínhamos dúvida se mandaríamos o carro para a Europa ou para a Austrália. A única certeza que a gente possuía era a de que não poderíamos continuar vivendo em uma situação precária dentro de uma barraca.

Aqui começa algo muito importante.

No Canadá, vimos uma caminhonete com uma "casinha" acoplada, uma estrutura muito bacana que certamente faria muita diferença para nós se pudéssemos ter uma na Gallega. Inclusive tiramos foto dela e olhávamos com frequência – ficava em nosso "quadro dos desejos". Para isso, precisávamos desembolsar uma boa grana, o que não seria possível.

Decidimos que nosso próximo destino seria a Europa. Começamos a pensar em como moraríamos lá. Pesquisamos e descobrimos que o Couchsurfing, para nossa surpresa, não funcionava tão bem na Europa desde a criação do Airbnb, uma ferramenta parecida, mas que permite ao *host* cobrar pelo espaço em sua casa, ou seja, mesmo que tenham um quarto disponível, em vez de receberem o viajante de graça, preferem alugar para gerar dinheiro. Nada mais justo.

Viver em uma barraca na Europa é muito difícil. Lá não se pode parar em qualquer posto de gasolina para dormir. Conversamos com um amigo nosso que tinha uma "casinha", um *camper* acoplado à sua caminhonete, e nos demos conta de que essa tecnologia era originária de uma empresa brasileira. Não pensamos duas vezes: entramos em contato, apresentamos o nosso projeto, mostramos o potencial do canal e apontamos o nosso diferencial: somos o único casal de brasileiros viajando o mundo e gravando vídeos diariamente. A empresa informou que gostaria de fechar parceria e nos pediu informações. Enviamos vários *e-mails* com tudo o que nos solicitavam. No entanto, eles nos enrolaram por dois meses. Só recebíamos perguntas, e nunca uma posição final. Quando vimos que estávamos perdendo tempo demais nessa lengalenga, demos um "ultimato", afinal, precisávamos saber se seria possível ou não. Se eles abraçassem a causa, teríamos de mandar o carro ao Brasil para instalar o *camper*; se não, seguiríamos viagem, pois (novamente) tínhamos três meses para sair dos Estados Unidos, e já entrávamos no segundo mês.

A empresa respondeu dizendo que não poderia firmar essa parceria conosco. Aquele foi um tiro fatal na nossa confiança. Sem alternativas, aceitamos essa resposta internamente. Contudo, depois de dois dias começamos a pensar: Quantos brasileiros saíram de carro, em condições similares à nossa, registraram tudo o que registramos e conseguiram conquistar 16 países?

Passamos a colocar mais confiança naquilo que a gente já havia conquistado, a acreditar mais na gente e a parar de ter uma posição tão submissa. Assim sendo, fizemos contato com outra empresa, a Four Wheel Camper, americana. Enviamos dezenas de *e-mails* e não obtivemos resposta. Certo dia, resolvemos ligar:

– Enviamos vários *e-mails*, mas vocês não nos responderam. Só gostaríamos de saber se estão interessados em nossa proposta.

– Na verdade, estamos interessados. Eu estou numa feira, por isso não consegui responder antes. Vou conversar com o dono da fábrica e logo dou um retorno para vocês.

Pensamos que não teríamos esse retorno, mas, para nossa surpresa, no dia seguinte, quando estávamos em Seattle dentro de um mercado de peixes, recebemos a notícia da empresa: "Vocês podem vir em Sacramento amanhã às 8h para uma reunião?".

Olhamos o relógio, pesquisamos e concluímos que levaríamos 12 horas para fazer a viagem de carro.

– Como faremos para chegar?

– Não interessa, vamos conseguir!

Entramos no carro e dirigimos para lá. Durante o trajeto, pensamos em qual seria o nosso discurso na reunião. E lá estávamos nós em Sacramento, na Califórnia. Tomamos um banho rápido em um posto de gasolina, colocamos as nossas melhores roupas e chegamos às 8 horas da manhã na Four Wheel. Assim que entramos, um senhor de 70 anos nos atendeu, pedindo que contássemos nossa história e proposta. Depois de nos ouvir, ele falou:

– Eu não estou muito convencido... Tenho outra reunião agora, mas vocês podem esperar naquela sala e conversamos novamente dentro de alguns minutos, tudo bem?

Tomamos um "chá de cadeira". Quando ele retornou, conversamos por um longo período, até o meio-dia. Ele nos convidou para almoçar e, durante o almoço, percebemos que ele estava nos testando de todas as maneiras possíveis. Quando voltamos para a empresa, o senhor nos deu um bloco de notas e pediu que traçássemos uma estratégia de marketing para que ele pudesse vender os *campers* na Europa, já que o mercado dele estava nos Estados Unidos.

Depois de apresentarmos a ideia, já no final do dia, ele disse:

– Eu não sei como é que vocês vão me ajudar, mas eu sei que vai funcionar. Voltem para casa e depois retomamos a conversa.

Ficamos pela cidade aguardando a resposta, não havia outro jeito. Após alguns dias, a resposta chegou:

– Podem passar às 8 horas da manhã com o carro preparado para instalar o *camper*!

Ficamos muito empolgados, mas seguramos a ansiedade, afinal, ainda não havia de fato acontecido. Seguimos para lá. Quando chegamos à fábrica e vimos aquilo tudo era real, que de fato teríamos a nossa "casinha", foi uma felicidade sem fim!

A Four Wheel foi além. Como não tínhamos dinheiro para as peças adicionais (chuveiro, geladeira, exaustor, aquecimento a gás, protetor térmico), valor que ficaria entre US$ 5.000,00 e US$ 10.000,00, a empresa fez diversas ligações para fornecedores, contou nossa história para cada um deles e conseguiu que também apoiassem o nosso projeto. Tínhamos, enfim, o *camper* completo, todo equipado. Foi sem dúvidas um dos maiores presentes de nossas vidas.

Não espere coisas pequenas de um Deus tão grande.

EVOLUÇÃO

Patrocinadores

Nunca deixamos de prospectar, de buscar novos patrocinadores. É uma atividade constante desde antes de pisarmos na estrada. Felizmente, com o crescimento de nossas redes sociais e toda visibilidade e credibilidade que adquirimos, muitas empresas nos procuram. É evidente que não deixamos de também procurar, mas podemos selecionar melhor as marcas que têm a ver com a nossa proposta.

Na prática, como funciona?

Nós listamos, dentro do que consumimos, todos os possíveis produtos e serviços que poderíamos anunciar ou para os quais poderíamos criar conteúdo baseado em nosso estilo de vida. Depois, criamos uma proposta detalhando cada "entrega" que faremos, seja foto, vídeo ou menção em redes socais. Tentamos alinhar a sugestão de entrega à comunicação que a marca já possui em alguma campanha, ou mesmo nas redes sociais.

Geralmente oferecemos criação de conteúdo em vídeos e fotos de várias formas, mas sempre de maneira natural – é preciso que a nossa entrega combine com o que somos no dia a dia. Por exemplo, nunca gravaremos algo como "comprem o seguro de viagem da empresa tal". Isso não funciona. Aproveitamos acontecimentos reais da viagem para recomendar produtos e serviços que usamos (como quando o Rômulo ficou doente na Costa Rica e precisou ir para o hospital; nesse caso, o seguro viagem se transformou em pauta para criação de conteúdo).

Em Barcelona, ficamos na casa de uma brasileira chamada Katarina. No jantar, ela disse:

– Vocês nem sabem! Eu assisto a todos os vídeos do Travel and Share. Adoro as dicas que vocês dão. Eu estudo inglês através do aplicativo que vocês recomendaram!

Ficamos felizes ao saber que as pessoas de fato usam produtos e serviços que indicamos. Por essa razão é importante sermos cuidadosos ao fazer recomendações. Sabemos que, do outro lado, existem pessoas que estão buscando soluções e que, através de uma recomendação sua, elas podem tomar a decisão de compra.

No início não estávamos em posição de impor nada. Abraçávamos qualquer trabalho que aparecia. As empresas insistiam: "Precisamos de um vídeo assim; vocês devem fazer dessa forma...", e a gente dizia "amém"! Hoje em dia, quando nos procuram com esse discurso, respondemos prontamente: "De acordo com a nossa experiência, isso não funciona nas nossas mídias. E se fizermos dessa outra forma? Vai ficar legal, melhor...". As empresas acabam aceitando.

Em qualquer negociação precisa haver o ganha-ganha.

Ao longo dessa jornada, viajando e trabalhando com mídias sociais, percebemos que existem três níveis de clientes:

1º. O cliente que não tem conteúdo para publicar nas mídias sociais e entende a importância desse meio, mas não sabe exatamente de que tipo de conteúdo necessita.

2º. A empresa que já possui uma estratégia e um *briefing* para as mídias sociais, mas deixa o criador de conteúdo à vontade para adaptar com base no que funciona ou não funciona para sua audiência.

3º. A empresa que já possui uma estratégia para as mídias sociais, com *briefing* e roteiro prontos, e não permite muitas adaptações do criador.

As coisas estão mudando muito rápido e, com o tempo, conseguimos aprender como funciona esse mercado. Se percebemos que determinado *briefing* não combina com nosso conteúdo, a gente não realiza. Em contrapartida, não nos falta trabalho. As empresas cada vez mais respeitam isso e buscam criadores de conteúdo que conseguem manter sua credibilidade.

É com o dinheiro do nosso trabalho, portanto, que conseguimos nos manter na estrada. Além de contratos que nos proveem uma renda fixa mensal, ações pontuais também vão surgindo pelo caminho. Nesse cenário, para que tudo dê certo, precisamos de muita tranquilidade para pensar nas coisas, para sermos criativos e empreendedores.

O nosso ponto de relaxamento surgiu, em primeiro lugar, do dinheiro que tínhamos guardado: se tudo desse errado, se perdêssemos todos os clientes, ainda assim possuíamos reserva suficiente para dois anos; com isso, teríamos uma folga para desenvolver outro negócio. Já dissemos algumas vezes que um dos itens do nosso pacto consiste em jamais utilizar esse dinheiro, mas a gente sabia que podia contar com ele caso precisássemos. Em segundo lugar, a nossa formação, a experiência e a certeza de que, se o projeto não desse certo, poderíamos enviar nossos currículos e voltar a trabalhar na nossa área deu a nós tranquilidade para nos arriscarmos nessa empreitada.

Aventureiros, sim. Despreparados, jamais.

Crescimento nas mídias sociais e público

Até chegarmos aos EUA, ainda não tínhamos a completa noção de que adotaríamos o Travel and Share como um estilo de vida. Como dissemos, possuíamos menos de 1.000 inscritos no canal, o que não era quase nada. Uma pessoa do YouTube nos ofereceu uma consultoria, um programa direcionado para os criadores de conteúdo da plataforma. Ela informou que tínhamos um grande potencial de engajamento, mas que fazíamos coisas erradas. Foi quando recebemos algumas dicas valiosas: deveríamos utilizar músicas com licença livre, criar uma arte personalizada para o canal, elaborar uma vinheta, ter uma frequência definida, desenvolver outras mídias sociais para suporte etc. Foi a partir desse momento que o canal passou a ser mais profissional e, consequentemente, a crescer.

No ano de 2018 o Travel and Share conta com mais de 800 vídeos e mais de 700 mil inscritos no Youtube, além dos números das demais mídias sociais, como Instagram, Facebook, Twitter e o blog. Tudo isso nos permite alcançar diariamente mais de 1 milhão de pessoas. É muita gente!

Como fomos pioneiros neste modelo, gravando diariamente enquanto viajamos, vimos muitas pessoas nos copiando à medida que o canal cresceu. Quando dizemos "copiando", não nos referimos apenas ao conceito, mas aos pequenos detalhes. Já houve casos em que plagiaram até a vinheta, as letras, a forma que falamos etc. É claro que achamos ótimo que muitos estejam se inspirando no nosso trabalho e que estejamos influenciando outros a trilharem por um caminho semelhante, pois significa que estamos agradando. Entretanto, existe uma diferença gritante entre "inspiração" e "cópia". Não desmotivamos ninguém, mas a dica que damos é: sempre busquem originalidade e criatividade. Esses são talentos que garantirão a qualquer criador a dianteira, conquistando a credibilidade e o espaço que são tão disputados.

Percebemos que o público muda conforme mudamos os

conteúdos. Quando gravamos um *tour* pela Gallega, mostrando o *camper* que havíamos conquistado, o vídeo simplesmente viralizou – teve mais de 2 milhões de visualizações. Rapidamente encontramos vários canais falando sobre esse mesmo tema. Até então, ninguém entendia como era esse "viajar de carro". Muitos achavam que estávamos de férias e que éramos "filhinhos de papai". A partir do momento em que mostramos a nossa "casa", as pessoas finalmente compreenderam melhor o projeto, o estilo de vida que estávamos levando... Foi quando percebemos que grande parte da audiência só queria consumir conteúdo sobre o *camper*, sobre a "casinha" – não queriam ver outra coisa, mas apenas a casinha, a gente cozinhando, decorando, limpando, entendendo como tomamos banho, entre outras coisas. Assim, produzimos vários vídeos sobre a nossa rotina na Gallega.

Nesse momento também indagamos que público queríamos realmente atingir e que conteúdos gostaríamos de abordar.

Nosso público é bem abrangente. Temos inscritos de 8 a 80 anos. Recentemente, um senhor de 70 anos, engenheiro aposentado, nos mandou uma mensagem:

A minha vida passou muito rápido e eu não tive oportunidade de conhecer o que vocês conheceram. Sempre me dediquei ao trabalho. Então, hoje, estando aposentado, eu me sinto mal utilizado. Por isso comecei a estudar geografia. E faço isso através do canal de vocês. Eu assisto aos vídeos, anoto as datas, os links, a minutagem, e traço todas as rotas que vocês percorreram desde que saíram de São Paulo. Faço tudo no Excel.

Isso é sensacional! Toda semana ele nos manda uma atualização da planilha: "Está atualizada com Estados Unidos. Agora eu estou atualizando com a Espanha".

A diferença entre o Travel and Share e outros canais de viagem é que a gente promove esse movimento. Não queremos apenas compartilhar vídeos cozinhando na "casinha" ou indo de um ponto para outro. Queremos promover a *mudança* da mesma forma que nós mudamos. É importante todo mundo saber que a mudança é constante, não importa a idade.

São muitas as histórias de pessoas que entram em contato conosco. Infelizmente, não conseguimos responder todas elas, pois centenas de mensagens chegam diariamente em nossas mídias. Mas lemos todas as que recebemos.

Temos também uma grande porcentagem de jovens acompanhando o Travel and Share, sem contar que 7% são crianças. Sabemos que muitos adolescentes querem seguir nossos passos, viver viajando e conhecendo o mundo, porque, além da liberdade e da aventura muito desejadas nessa fase da vida, eles acham que é algo simples, uma escapatória de um trabalho "convencional". Por isso tomamos muito cuidado com o que falamos e com as mensagens que passamos. Não encorajamos o jovem a deixar de fazer faculdade, muito pelo contrário: "Quer viajar? Então primeiro estude, seja uma formação convencional ou não, e só depois, com muito planejamento, pegue a estrada. Se der errado, você tem uma profissão. E nunca saia de casa sem dinheiro, sem seguro viagem etc".

Com frequência destacamos também a importância do idioma. No Peru, por exemplo, quando fomos barrados na fronteira, se não soubéssemos falar espanhol muito bem, teríamos encerrado nossa jornada ali. Se não falássemos inglês, jamais teríamos conseguido negociar por 8 horas com um americano e conquistado o *camper* para a Gallega.

Todo mundo consegue adotar esse estilo de vida que levamos, mas é fundamental que haja uma preparação; é imprescindível adquirir conhecimento. Quando decidimos viajar e trabalhar com produção de conteúdo, fizemos cursos para aprender a gravar, a fotografar, a editar etc. É preciso se esforçar e assumir o compromisso!

Concluímos que muitas pessoas que acompanham nossas mídias sociais não o fazem porque querem viajar o mundo, mas por despertarmos nelas essa vontade de lutar pelos sonhos.

Mudança do perfil

Quando entramos nos EUA, começamos a estudar melhor o que o público, em grande parte, gostava de ver. Percebemos que muitos se interessavam pela parte dura da viagem. Queriam ver "perrengues", enxergar coisas que deram errado, na ânsia de conferir alguém se dando mal, passando por dificuldades. E foi o que fizemos: começamos a mostrar todas as dificuldades que passávamos – coisa que antes era evitada. Fazia muito sentido, afinal, quando você liga um telejornal ou abre um portal de notícias, o que você vê? Tragédias, escândalos, polêmicas... A desgraça vende! Entramos em um círculo vicioso, pois a audiência começou a subir e, quanto mais escassez mostrávamos, mais escassez tínhamos! Contudo, chegou um momento no qual refletimos sobre aquilo que aprendemos com o Vinícius (o jornalista brasileiro que conhecemos no México) e também sobre nossos valores. Consideramos que, embora houvesse toda essa audiência, esse conteúdo não era bem o que queríamos levar para as pessoas. "Desejamos mostrar um pouco de prosperidade".

Se você mostrar prosperidade, vai ter prosperidade; se mostrar escassez, vai ter escassez. Foi quando investimos nessa mudança que enfim as mídias sociais passaram a crescer e as empresas começaram a se interessar.

Ninguém vai querer se conectar com um sujeito que está todo o tempo está envolvido com desgraça, que promove o tempo todo a escassez. Alteramos, portanto, a "cara" do conteúdo que criamos nas mídias sociais. Mostrar a realidade tem seu valor, mas direcionar o foco para o que é ruim deixa a audiência insaciável por notícias tristes.

Tivemos de dar um passo atrás, e foi difícil sair desse círculo vicioso, mas tomamos a decisão acertada. Perdemos números em visualizações, porém, qualificamos a audiência.

Uma empresa que oferece serviços de hospedagem, por exemplo, não vai anunciar conosco se não consumirmos esse tipo de serviço. Nessa mudança de perfil também começamos a investir em nós, na nossa aparência, a mostrar mais avanço. Viramos o jogo! Mas é claro que defendemos o consumo consciente, afinal, promovemos uma vida minimalista. Comemos em restaurantes quando temos vontade de comer, de experimentar algum prato diferente e de conhecer a culinária local, ou nos hospedamos em hotéis quando estamos cansados da estrada e queremos conforto durante a noite em um lugar legal – como a maioria das pessoas. Mudamos também a maneira de contar histórias. Toda essa mudança foi fundamental e extremamente positiva para o nosso crescimento.

Aprendemos que, quando colocamos esforço e energia em algo, é como se o universo abrisse todas as portas, com suas diversas possibilidades, diante de nossos olhos. Tivemos inúmeros exemplos que comprovaram isso. Em 2017, focamos muito na nossa profissionalização e nos dedicamos ao trabalho, mas, por conta desse esforço, quando novos caminhos promissores surgiram à nossa frente, vimos que precisaríamos pedir ajuda, ampliar a empresa Travel and Share. Não poderíamos abraçar tudo sozinhos, como vínhamos fazendo até então; não daríamos conta. Passamos a contar com o auxílio de outras pessoas, profissionais que trabalham para que o projeto alce voos ainda maiores.

Outro ponto que consideramos na mudança de perfil foi a venda da nossa ideia para uma emissora de TV. Tivemos uma temporada no programa Travel Box Brazil. Não recebemos nada além de divulgação. Foi uma experiência válida, pois estávamos no início e expandindo o alcance para além do YouTube. Mais tarde, quando já trilhávamos pela Europa, surgiu um novo convite para uma nova temporada na mesma emissora. Só que, dessa vez, sendo remunerados.

A pizza

Chamamos essa seção de "pizza", pois sempre pensamos em atividades diferentes que pudessem compor a "pizza" dos nossos rendimentos.

O YouTube e a renda do conteúdo de publicidade nas mídias sociais são uma parte importante da nossa receita. Precisamos manter a frequência do conteúdo para garantir o rendimento.

O problema é que, apesar de termos muitas pessoas que nos acompanham, as regras de distribuição de conteúdo das mídias sociais não permitem que alcancemos todas elas. As mídias sociais atualmente distribuem conteúdo aleatoriamente, considerando os canais ou páginas com os quais o indivíduo mais interage. Não temos controle do nosso maior bem, a audiência. Sabemos dessas regras, e sabemos que elas podem mudar a qualquer momento. Estamos em uma constante busca para encontrar mais formas de nos manter na estrada, gerando rendimentos para uma vida confortável e segura. Como o futuro é incerto, precisamos nos preparar hoje para ter e ser o que queremos amanhã.

Assim como no início do planejamento criamos objetivos que dependessem somente de nosso esforço, percebemos que precisaríamos desenvolver novas formas de ganhar dinheiro que dependessem apenas de nós dois.

O que a gente sabe é que a carreira de criador de conteúdo na internet é relativamente rápida. Na realidade, funciona como o ciclo de vida de um produto, que tem início, meio e fim. A fase inicial é lenta e o crescimento é exponencial. Quando atingimos o "cume da montanha", ou seja, o ápice do negócio, a queda vem vertiginosa. Cientes disso, guardamos o máximo possível do que recebemos das campanhas e dos clientes, além de contar com os trabalhos pontuais que surgem. Desse modo conseguimos economizar muito mais do que gastamos.

Seguimos uma regra: se gastamos x, guardamos 3x. Essa proporção não é uma regra atual, e sim um hábito que temos há muito tempo e que nos ajudou a criar a reserva que tínhamos antes da viagem.

Há pouco tempo, a "pizza" estava dividida em três partes: produção de conteúdo, publicidade nas mídias sociais e YouTube. Estávamos muito vulneráveis. Precisávamos dividir essa "pizza" em mais pedaços, com formas diferentes de ganhar dinheiro, pois, se de repente perdêssemos algum cliente, poderíamos contar com o rendimento de outros trabalhos.

Hoje temos a academia Travel and Share, com cursos digitais – um desejo antigo de poder compartilhar nosso conhecimento com maiores detalhes. Além disso, contamos com grupos de viagens, o livro que está em suas mãos neste momento e as palestras. Resolvemos expandir os negócios, pensando muito na nossa independência financeira.

Se não começássemos a preencher a nossa "pizza", ficaríamos o tempo inteiro presos às atividades que já realizávamos, esperando os mesmos resultados que já estávamos tendo. Recomendamos a todos aqueles que querem se lançar em uma aventura pelo mundo ou empreender que pensem na regra da "pizza".

EUROPA

Ainda nos Estados Unidos, depois de já termos conquistado o Alasca e uma nova casa, decidimos investir em uma lente para uma das nossas câmeras. Com ela – a grande angular, que custava US$ 800,00 na época –, poderíamos gravar com mais nitidez e, portanto, oferecer mais qualidade para os clientes e para o público, o que nos ajudaria também a atrair novos trabalhos. Pouco antes de seguirmos para o apartamento de um amigo em Orlando, juntamos o dinheiro e fizemos a compra do equipamento. Estávamos superfelizes com a aquisição, mas aconteceu algo que nos desanimou bastante... A lente estava em nossas mãos havia três dias quando, por uma infelicidade, a câmera caiu no chão. Sim, arrebentamos a lente! Ficamos paralisados, incrédulos. O problema é que já tínhamos apresentado novas propostas para as empresas, comentando sobre uma melhoria na imagem, sobre o ganho de qualidade que teríamos nos vídeos por conta desse novo apetrecho. Então, novamente recebemos um golpe no estômago. Mas não poderíamos fazer nada. Resolvemos seguir viagem.

Quando estávamos prestes a deixar os Estados Unidos, recebemos uma proposta de uma agência de viagens, um contrato de seis meses para produzirmos conteúdo exclusivo. Essa parceria foi extremamente importante porque, além de ter vindo na hora certa, mudou todo o nosso estilo de viajar; foi um divisor de águas. Passamos a enxergar que a nossa vida não estava necessariamente destinada a viajar por terra o tempo todo, e que podíamos apostar em viagens de avião para diversos países que antes pareciam inalcançáveis de carro. Ainda não sabíamos, mas logo estaríamos viajando para Tailândia, Japão, Islândia, Catar, Israel, Egito, além de revisitar destinos como Argentina, México e Estados Unidos... No instante em que fechamos a parceria com a empresa, tomamos uma de nossas decisões mais importantes até hoje: investir "pesado" em equipamento. Compramos uma câmera incrível, que tem uma qualidade absurda – é outro nível de gravação –, e adquirimos uma nova lente, ainda melhor do que aquela que havia quebrado. Pagamos US$ 4.000,00 na câmera e US$ 1.000,00 na lente com o dinheiro que recebemos do primeiro contrato. Essa decisão nos fez entender quão importante é ter as ferramentas adequadas para o seu trabalho.

Diante de um valor tão alto, ficamos ainda algum tempo refletindo se havíamos tomado, de fato, a decisão certa. Logo percebemos que sim. A qualidade dos vídeos acabou compensando tudo.

Assim como a conquista da "casinha", do *camper* para a Gallega, o contrato com a agência de viagens aconteceu nos últimos dias em que ficamos nos Estados Unidos e nos restabeleceu a confiança. Alterou aquela nossa visão de "viver na escassez" e nos deu um pouco mais de conforto. Era, afinal, o fim de uma fase.

O Rômulo já tinha morado por 10 anos na Europa, e eu viajado várias vezes por lá, mas sempre de avião e focados num destino ou outro. A possibilidade de viajar de carro nos abriu a mente para entender o que significa estar numa região de livre fronteira e viver aquele sentimento de viagem pura, pois as pessoas lá estão habituadas desde pequenas a descobrir países diferentes, a conhecer culturas distintas para entender, assim, a sua própria história – diferentemente dos EUA, onde ninguém sabe direito onde é o Brasil, por exemplo, ou até da América do Sul, onde não viajam tanto em razão da dificuldade financeira. Na Europa, viajar não é um sonho, é algo comum. Era muito gostoso poder estar com pessoas que entendiam o que fazíamos e que tinham os mesmos valores que nós.

Seguindo o estilo de vida minimalista, valorizamos muito mais experiências do que coisas materiais: temos aquilo que precisamos ter. Percebemos um estilo muito parecido, de um modo geral, na Europa. Lá as casas são menores; as pessoas não investem tanto em bens materiais, como televisões de 80 polegadas ou roupas de marca para mostrar *status*; as mulheres não se preocupam em ficar usando salto alto todos os dias ou gastar mares de dinheiro em salões de beleza. O estilo europeu é muito mais minimalista ou simplista. As pessoas usam uma roupa até que ela estrague. É claro que não podemos generalizar, pois existe consumismo em todo canto do mundo, mas foi algo muito forte que notamos por lá e que nos deixou muito confortáveis.

Nos EUA, no meio de um bar em Hollywood, por exemplo,

nos sentíamos peixes fora d'água vendo todos naquele clima de cinema – as pessoas bem vestidas e a gente extremamente simples, de calça *jeans* e tênis. Nesse sentido, nos conectamos e nos identificamos imediatamente com os europeus. Outro ponto que nos fez bem na Europa foi a sensação de estar no centro do mundo, por conta de muitas pessoas terem a viagem como uma realidade e dos preços dos voos serem muito mais acessíveis. Quando você conversa com os europeus sobre viajar, nota-se que eles são muito descolados, que não utilizam aquela bagagem como uma moeda de troca (algo muito comum em diversos lugares); eles viajam para agregar conhecimento.

Na Europa nos demos conta de quão importante era para a nossa profissão, para o nosso negócio, para a nossa vida, estar em um lugar que nos permitia essa mobilidade e acessibilidade.

Foi muito legal viajar de carro pela Europa, pois tivemos livre acesso para ir e vir de qualquer lado, cruzando fronteiras sem preocupação. Você acorda em Portugal e, dali a dois dias, já está na Espanha; quando vê, está entrando na Itália, na Eslovênia... A sensação de liberdade é gigantesca. Foi a primeira vez que sentimos isso viajando de carro. Apesar de serem países pequenos, um colado no outro, é muito interessante notar como a cultura de cada um deles é marcante.

Esse tempo na Europa foi muito prazeroso, porque puxamos o freio e percebemos a correria que foi a nossa viagem pelas américas, o que nos impossibilitou de conhecer muitas coisas por conta da falta de dinheiro, das incertezas sobre o projeto, dentre outros. A partir da Europa é que paramos para refletir, percebendo que daria certo aquele estilo de vida mais tranquilo. Sem contar que seria muito mais saudável. Se quiséssemos voltar à França por 30 vezes, ou à Itália por mais 30 vezes, assim seria! Criaríamos conteúdo para isso. O que queremos é viver bem e sem limitações!

É evidente que ainda temos muito para desbravar na Europa, não exploramos nem a metade. O curioso é que conhecemos muitos europeus que têm *motor home* ou *campers*, e que costumam viajar todo verão há mais de 30 anos. Quando perguntamos se ainda existem lugares para conhecer, eles respondem que podem passar uma vida na Europa e ainda não conhecerem tudo.

IMPREVISTOS

O tempo inteiro nos deparamos com imprevistos. Viver na estrada nos deixa mais expostos. Durante os últimos anos acumulamos muitas histórias, algumas nos marcaram mais que outras, mas fica a certeza de que, passado o momento, lembramos apenas dos aprendizados.

O primeiro grande imprevisto da viagem veio antes mesmo de começarmos, se é que assim podemos dizer.

Quando tivemos a ideia do projeto, achamos que não teríamos dificuldade em conseguir apoio de empresas, principalmente de amigos e familiares. Estávamos confiantes nisso... Contudo, quando recebemos os "nãos", isso foi, sem dúvidas, o primeiro "tapa na cara". Nenhum conhecido nos apoiou. Foi um grande choque, além de nos mostrar que precisaríamos triplicar os esforços se quiséssemos atingir nossos objetivos. Receber um "não" como resposta não poderia ser uma barreira.

Mais à frente, aconteceu algo muito legal nos Estados Unidos, quando estávamos no Parque Nacional Yosemite. Tínhamos um fogãozinho que era conectado ao botijão de gás por um cabo de metal. Por um descuido, acabamos perdendo esse cabo, e só percebemos quando chegamos na próxima cidade e paramos para cozinhar. "Cadê o bendito cabo?". Não tínhamos dinheiro naquela época: apenas US$ 15,00 na carteira. Entramos na internet e vimos que o cabo custava US$ 27,00 sem o frete. Tínhamos dinheiro investido, mas, como já comentamos, não mexíamos nele em hipótese alguma. O que fizemos? Enviamos um *e-mail* para a empresa que produzia aquela peça: "Se nos mandarem um cabo, podemos mencionar isso em nossas mídias sociais, o que acham?".

Eles nos mandaram não só o cabo, mas um fogão novo, um conjunto de panelas e ainda fechamos um contrato com de US$ 300,00 por mês com essa empresa. Gostaram tanto do nosso trabalho que depositaram três meses de uma só vez. Não poderia ter sido melhor! Esse é um belo exemplo de imprevisto que transformamos em oportunidade.

Outro imprevisto se deu enquanto atravessávamos os Estados Unidos de uma ponta para a outra, chegando ao estado de Oklahoma. Era inverno. Nessa época não tínhamos a "casinha", usávamos a barraca nos dias mais amenos e dormíamos dentro do carro quando fazia frio. Seguindo nosso caminho, após longas horas dirigindo, decidimos parar para descansar em uma cidade do Kansas. Localizamos um McDonald's e resolvemos entrar para aproveitar o aquecimento da loja. Lá dentro, olhamos a previsão do tempo e imediatamente começou a nevar. Fitamos pela janela e... a nevasca já estava instaurada.

– E agora? A gente fica aqui dentro ou volta para o carro?

Optamos por seguir para a Gallega. Só que não foi fácil. Estava tudo branco. Sem brincadeira! Não conseguíamos enxergar nada. Era só branco, branco, branco...

Arrumamos uma cama improvisada dentro da Gallega e colocamos todas as nossas roupas de frio e meias. Mal conseguíamos nos mover. Nunca tínhamos enfrentado uma nevasca daquela sem aquecimento. Sabíamos que não poderíamos dormir com o aquecedor do carro ligado, então nos abraçamos e dissemos um ao outro que, se pudéssemos nos manter aquecidos um ao outro, sobreviveríamos àquela noite.

Houve uma vez em que a mangueira do ar-condicionado da Gallega estourou e nos fez pensar que o carro estava explodindo! Enfrentávamos um verão intenso no estado da Flórida, EUA. Andávamos com o ar-condicionado ligado o tempo todo, não desligávamos nem por um segundo. Faltava um quilômetro para chegarmos ao nosso destino, mas ficamos presos em um congestionamento gigantesco; de repente, um estouro! Do capô da Gallega começou a sair "aquela" fumaça. Abrimos as portas e corremos, gritando: "Explodiu o carro!". Muitas pessoas tentaram nos ajudar. Encostamos a Gallega, pegamos um celular emprestado e chamamos um guincho.

A maior parte desses imprevistos não contamos em nossas redes sociais. Afinal, durante as viagens passam a ser algo corriqueiro, coisa do dia a dia, e não queríamos que o acontecimento "negativo" invadisse o conteúdo. No entanto, esse pensamento mudou na medida em que fizemos o curso de *storytelling*. Aprendemos que não há problema em mostrar os aspectos ruins, os conflitos. Basta descobrir a melhor forma de contar.

Muitos outros imprevistos foram evitados, pois, nos últimos dois anos, viajamos sempre conectados. Desde os EUA, temos um chip de celular internacional da Easysim4U, que funciona em 140 países – caiu como uma luva pra gente. Antes era preciso baixar mapas *off-line* e, por muitas vezes, ficamos na mão em consequência da falta de internet no celular. Fora os desencontros vividos pelo simples fato de não ter como falar com as pessoas.

Nosso trabalho depende da internet, pois é a nossa ferramenta para compartilhar a viagem e interagir com a audiência. Contar com a internet no celular nos salvou de muitas enrascadas.

Um imprevisto pode mudar o roteiro da viagem e, mesmo que mude, tudo bem! Aprendemos que a melhor forma de superar imprevistos é não tentar achar um culpado, mas buscar a solução e transformar isso em oportunidade. Não adianta nada ficar se lamentando. Sempre falamos em nossos vídeos que planejar é importante, mas aprender a lidar com imprevistos também é!

MAIS HISTÓRIAS

Busca pelo conhecimento

Algo que está enraizado em nossas personalidades é a busca pelo conhecimento. Sempre procuramos fazer cursos, estamos constantemente de olho nas novidades da área em que trabalhamos, no que as pessoas estão fazendo no mercado digital e em como podemos aplicar novidades em nosso dia a dia. Talvez seja um pouco do resultado do que vivenciamos do mundo corporativo quando éramos funcionários. O mercado está cheio de gente disputando uma vaga; se você não se qualifica, pode acabar perdendo espaço para alguém melhor preparado que você. No mundo digital, isso também acontece. Não podemos ficar para trás.

Um curso te abre o horizonte. Quando se começa a aplicar o que se absorveu, o resultado tende a ser positivo e pode levar a uma promoção ou nova oportunidade em outra empresa. Em suma, quando investimos em educação e conhecimento, conseguimos ter bons resultados.

Fazemos a mesma coisa com o Travel and Share. Mesmo em um momento no qual não podíamos investir financeiramente, fizemos cursos gratuitos oferecidos *on-line*; quando a situação começou a melhorar, decidimos investir. Um exemplo disso foi o curso de *storytelling* que citamos anteriormente, e que acrescentou muito à forma de narrar as nossas histórias. Foi nítido o resultado. O público absorvia melhor e nós conseguimos ser muito mais eficientes produzindo o conteúdo. Fez grande diferença. Quanto mais conhecimento consumimos, mais conhecimento queremos consumir! Quando nosso olhar se abre a respeito de um determinado tema, nos torna muito mais críticos e, consequentemente, seletivos. E aí é uma roda, um círculo vicioso! A partir do momento em que passamos a ser mais críticos com o que devoramos como referência, ficamos mais críticos com aquilo que produzimos. Perdemos as contas de quantos vídeos já foram gravados e que nunca foram ao ar. A equação funciona em qualquer ambiente, seja corporativo ou num empreendimento pessoal – conhecimento mais comprometimento é igual a êxito.

Sempre juntos

"Vinte e quatro horas por dia juntos, sete dias por semana. Como vocês aguentam?"

Desde que nos conhecemos, sempre ficamos muito tempo juntos. Não sei explicar o porquê, mas era assim. Apesar de ter vivido em São Paulo por muitos anos, tinha poucas amigas. O Rômulo havia recém-chegado na metrópole, e passávamos todo o nosso tempo livre juntos. Foi assim que aprendemos a ser.

A situação ficou mais intensa quando decidimos viver em um carro, mas em nenhum momento foi sofrido. Apenas respeitamos o espaço de cada um, e esse espaço não é necessariamente físico. Por exemplo: o Rômulo adora UFC (Ultimate Fighting Championship). Muitas vezes deixávamos para nos hospedar em hotéis e ter o nosso descanso em dias de luta para que ele pudesse ter o tempo dele (e eu aproveitava para ter meu dia da beleza).

Além do relacionamento, existe o trabalho, e isso é o maior causador de discussões, afinal, temos personalidades e opiniões distintas. Todos os dias precisamos nos lembrar de separar o que é trabalho e o que é relacionamento. Antes, quando gravávamos o dia inteiro, desde que acordávamos até a hora de dormir, era difícil fazer essa divisão, porque, na realidade, ela não existia.

Para melhorar nossa qualidade de vida e também dar tempo para nosso relacionamento, decidimos que, mesmo na estrada, precisaríamos ter um horário para terminar o expediente. E quanta mudança isso fez!

A comunicação é absolutamente fundamental no nosso relacionamento e, na realidade, em qualquer relação, não é?

Acreditamos que, mesmo quando decidimos ir juntos ao mercado, enquanto apenas um poderia ir, é possível nos depararmos com situações diferentes no trajeto, que por sua vez podem se tornar pautas ou novas ideias. Ou talvez seja apenas uma desculpa para não dizer que não conseguimos ficar longe um do outro por muito tempo.

Vida minimalista

Existe um movimento muito forte que acompanhamos fora do Brasil, especialmente na Europa, que é o minimalismo. Em alguns momentos e aspectos até pode parecer modismo, pois existem pessoas utilizando o termo e dizendo que vivem de forma minimalista apenas por ser *cool*. Confessamos que adotar esse estilo de vida não foi algo que pensamos de imediato. Mas, assim que pegamos a estrada, notamos que mal tínhamos espaço dentro do carro e que, quanto mais coisas carregássemos, mais difícil seria nossa locomoção, ainda mais com todos os produtos dos nossos clientes. Desde então optamos por levar uma vida somente com o necessário para viver bem, apostando em produtos bons e duráveis para que não seja necessária a troca constante.

Na maioria dos casos, as pessoas viajam e levam 80% a mais de itens do que o necessário – e acabam nem utilizando. É comum encontrar, nos aeroportos, estações de trem e metrô, viajantes com bagagens enormes, que mal conseguem carregar.

Adotar o minimalismo não é uma tarefa fácil, porque as pessoas não estão preparadas para isso. A partir do momento em que liberamos espaço e vimos o benefício em dar carona e conhecer tantas histórias bacanas, compreendemos o bem que havíamos feito para nós mesmos. Perdíamos muito tempo de vida e de viagem fazendo de tudo para carregar coisas que não usávamos. E, quanto mais o tempo passa, mais percebemos que precisamos de menos.

Apesar de sermos muito confiantes em relação ao estilo de vida que adotamos, isso não nos isenta do julgamento. Recebemos com frequência comentários de pessoas que não entendem por que estamos sempre usando a mesma jaqueta, ou por que repetimos roupa com tanta frequência.

Agora que temos a "casinha", conseguimos o nosso "guarda--roupa". Embora seja limitado, temos espaço suficiente para tudo que precisamos.

Ter uma vida minimalista não se resume a roupas somente: tudo que levamos é mínimo. Não temos itens de decoração na casinha. Temos talheres, pratos e garfos suficientes para duas pessoas. Quando estamos num *camping* e convidamos alguém para jantar conosco, pedimos: "Traga seu prato, copo e talheres".

Pensamos que viver uma vida simples está acima de tudo, principalmente para que as coisas fluam, para que possamos viajar melhor, para que sobre tempo para aproveitarmos a viagem em si, trabalharmos e desenvolvermos outros negócios. Quando tem uma coisa a mais, aquilo parece que está nos incomodando, sabe? Parece uma pedra no nosso caminho. E daí, toda vez que a descartamos, a vida parece ficar mais leve, fluindo melhor.

Saindo na frente – o que fazemos de diferente?

Quando começamos a pensar no Travel and Share, pesquisamos e descobrimos que conteúdo de viagem em vídeo era um negócio que funcionava e que interessava a um público muito grande lá fora. Já no Brasil, não vimos ninguém produzindo esse tipo de conteúdo, então imediatamente enxergamos uma oportunidade. Mas precisávamos ir além. Assim, conectamos esta ideia com o projeto de criar conteúdo para as redes sociais das empresas. Foi unindo essas duas ações que nos destacamos, pois estávamos apresentando um negócio diferente e num momento oportuno, no qual a necessidade de conteúdo exclusivo e de qualidade gritava aos ouvidos das empresas.

Estamos a todo segundo procurando fazer diferente. Hoje, por mais que existam pessoas fazendo o mesmo que a gente, elas se limitam e não inovam. Quando percebemos que surgiu alguma coisa igual àquela que criamos, já buscamos algo novo. Isso é essencial. É a chave.

Tem uma pessoa que a gente usa como referência em relação a conteúdo e que acompanhamos por muito tempo: Casey Neistat. Ele é um *filmmaker* impressionante e também tem um canal no YouTube. Todo vídeo que ele publica tem um estilo próprio, diferente. Passadas duas semanas que determinado conteúdo dele vai ao ar, muita gente está fazendo vídeos naquele mesmo formato. O cara é tão esperto que já sabe que será copiado, então, dali a uma semana, o próximo vídeo do canal apresenta outra visão. Para resumir: enquanto outras pessoas se limitam a simplesmente copiar o que ele produz, ele está sempre à frente.

Sentimos que, de certa forma, fizemos e fazemos algo semelhante, porque criamos um negócio que não existia e, ao perceber que determinado formato já não estava mais atendendo, sendo oferecido demais no mercado, buscamos formas alternativas.

Incertezas

De tudo que vivemos nos últimos anos na estrada, o maior desafio – e o mais complicado – consiste em lidar com incertezas. O nosso medo sempre está relacionado a não saber o que vai acontecer adiante. Tínhamos uma falsa sensação de segurança em nossos empregos anteriores, pois achávamos que estávamos estáveis. Ambos possuíamos apartamentos alugados, despensa cheia, roupas da moda e viajávamos com despesas pagas, além de ter um dinheiro guardado que nos dava tranquilidade. No entanto, no mercado corporativo você não tem certeza de nada; hoje você tem seu emprego, amanhã pode não ter mais. Quando bateu a crise econômica no Brasil, perdemos uma empresa que era nossa parceira e que estava conosco por um ano e meio. Em nenhum momento imaginamos que perderíamos esse patrocínio, pois era o nosso maior cliente. Tínhamos ido para uma reunião a fim de renovar o contrato por mais um ano quando nos comunicaram a redução de custos; não poderiam prosseguir conosco.

A incerteza do amanhã gera uma angústia, uma ansiedade violenta, que vai nos desgastando mentalmente a cada dia que passa.

Temos de nos manter vigilantes, procurando lutar com tudo isso, atiçando a cada instante o que há de positivo. A incerteza é, portanto, o nosso grande medo, o que mais nos aflige, o que nos deixa mais aterrorizados. Mas nem de longe isso é ruim.

Procuramos nos organizar para manter o mesmo padrão de vida, até que tenhamos um nível financeiro que nos dê conforto para que possamos alcançar outro nível. Quando falamos que a gente gasta 1.000 euros por mês, 1.300 quando muito, as pessoas dizem: "Nossa, mas vocês ganham mais que isso, poderiam viver uma vida muito mais confortável...". A questão é que, de fato, poderíamos, mas não temos certeza a respeito de quanto tempo durará nosso negócio. Do dia para a noite, tudo pode mudar. Hoje sim, mas amanhã pode ser que não.

Contudo, incerteza é diferente de imprevisto. Com a incerteza, mesmo que coloquemos todo o nosso esforço, toda a nossa força e conhecimento, não temos controle para lidar com o futuro, com a dúvida e, absolutamente, não é algo que podemos ignorar. É como um ex-alcoólatra que convive com a vontade de beber, mas não bebe, com medo de ter uma recaída; nós vivemos todos os dias com a incerteza, esperando que ela se transforme em uma certeza.

Futuro

Certa vez, em reunião com uma empresa, fomos questionados:

– Por acaso vocês não estão pensando em ter filhos?

– Sim, pensamos sobre, mas não nesse momento. Por quê?

– É que estamos desesperados atrás de um casal que produza conteúdo de família para inserirmos nossa marca, e precisamos de crianças... – eles disseram.

É engraçado! Quase todo dia recebemos essa mesma pergunta em nosso canal ou, no mínimo, comentários do tipo: "Nossa, a Mirella tá com uma carinha de grávida"; "Ah, não sei, gente, acho que vocês estão grávidos"; "Acho que a novidade que irão contar é que estão esperando um bebê!". Esses comentários são, de longe, os que mais transitam entre os nossos vídeos.

Honestamente, não temos certeza se queremos ter filhos. Existem épocas nas quais sentimos vontade, outras em que não nos vemos como pais. É evidente que, se decidirmos ter um filho, não abriremos mão do nosso estilo de vida, de viajar e compartilhar, de viver em um *camper*, de estar a cada dia em uma cidade diferente. Não conseguimos mais nos imaginar sem essa realidade. No entanto, sabemos que, com a chegada de uma criança, nossa rotina e visão de muitas coisas poderão ser alteradas.

Entramos em um ponto bem delicado, pois, mesmo que tenhamos vontade, não sabemos se podemos ter filhos. Nunca tentamos. Temos casos em nossa família de parentes que não conseguem engravidar; escutamos inúmeras histórias de pessoas que também não podem. Então, só vamos saber quando, de fato, tentarmos.

Temos consciência de que, tendo um filho, principalmente no primeiro ano de vida, precisaríamos sossegar um pouco e fincar nossas rodas em um único gramado. Para isso, o primeiro país que nos vêm à mente é a Espanha. Consideramos também o Canadá e a Austrália, mas nestes dependemos do processo de migração, ou seja, não cabe somente a nós. Sem contar que, na nossa idade, fica ainda mais complicado migrar para um novo país. Então estamos quase seguros de que "montaremos acampamento" na Espanha mesmo. Uma vez que já possuímos cidadania, é algo que está ao nosso pleno alcance.

Mas por que não até agora? Há pouco tempo seguíamos uma rotina frenética. Assim que acordávamos, ligávamos a câmera e começávamos a contar: "Pessoal, esse é o nosso café da manhã"; "Estamos indo ali fazer tal coisa"; "Vimos tal lugar"; "Comemos naquele restaurante" – ou seja, o dia inteiro gravando. Aquilo nos consumia de tal forma que não encontrávamos espaço para viver a nossa vida particular. Não tínhamos tempo para ser um casal, momentos para sermos só nós dois, sem pensar em trabalho, porque, querendo ou não, quando estamos gravando, colocamos uma energia sobrenatural nisso. Quando percebemos que estávamos perdendo a conexão um com o outro, conversamos e resolvemos adaptar o nosso conteúdo a uma rotina mais maleável. Agora estipulamos horários de trabalho. Por exemplo, há dias em que gravamos até as 16h e, a partir das 18h, já não tocamos mais no computador. É claro que a gente não consegue manter isso 100%, mas às vezes tiramos a nossa manhã para ficar sem gravar; em outras oportunidades, fazemos isso à noite. Dessa forma conseguimos criar uma estrutura na qual o nosso conteúdo não toma mais o dia inteiro. Essa nova atitude vai totalmente ao encontro da nova fase em que entramos, buscando menos correria e mais qualidade.

Não é à toa que estamos sempre testando novos formatos: precisamos pensar em conteúdos que não exijam um dia inteiro de gravação.

Se a vida padrão consiste em casar e ter filhos, não vivemos essa vida padrão e não nos sentimos obrigados a fazer algo apenas por que todo mundo está fazendo. A vida é feita de escolhas, não podemos ter tudo. Se eu escolho viver de uma forma, preciso abrir mão de outras; se escolho ter algumas coisas, preciso abrir mão de uma maneira de viver.

"Se vocês tiverem filho vão deixar de viajar? O Travel and Share vai acabar?"

Não, não e não! Nossa ideia não é parar de viajar tão cedo, seja por um filho ou por qualquer outro motivo. Não abandonaremos a nossa "casinha" itinerante de maneira alguma. Uma ideia para um futuro seria ter uma base, um refúgio, um local para também chamar de lar. Temos 30 dias no mês, e nada nos impede de morar na casinha por 15 dias na Austrália, por exemplo, gravar e gerar conteúdo por lá, e depois voltar de avião e morar por 15 dias na Espanha.

Estamos no quarto ano de estrada, o corpo e a mente já apresentam sinais de cansaço. A casinha nos deu muita qualidade de vida, mas o próximo passo será viajar mais devagar, passando um tempo maior em cada destino, quem sabe em uma casinha mais espaçosa. Isso exige planejamento e independência financeira, e estamos investindo muito tempo e dedicação para isso.

Não sabemos como será o dia de amanhã. Seria fantástico ter

uma bola de cristal para descobrir o que o futuro nos reserva. Pensando bem, acho que não seria não! Perderia toda a graça.

Temos muitos sonhos, muitos desejos. Da mesma forma que nos lançamos na estrada sem saber onde culminaríamos, seguiremos em nossas "estradas interiores", procurando incansavelmente a realização pessoal.

Sempre em frente

Não poderíamos concluir este livro com uma história melhor. Confira:

No início de 2017, soubemos que seria lançado um novo modelo da Frontier no Brasil. Tínhamos consciência de que, a partir do momento em que a Nissan lançasse o novo carro, a divulgação da nossa Gallega ficaria para trás. Ficamos um pouco apreensivos com a possibilidade de encerrarem a parceria conosco. Nesse mesmo instante, fizemos contato com uma pessoa do marketing dizendo que queríamos fazer parte da campanha de lançamento do novo modelo e estávamos dispostos a trabalhar muito para que isso acontecesse. Ela pediu que aguardássemos. O ano foi passando e continuamos trabalhando e entregando resultados com muito carinho para a Nissan – não apenas pelo compromisso que tínhamos firmado com a marca, mas pelo que a Gallega representa pra gente. Ela acabou virando um personagem da viagem e, por isso, tinha e tem destaque em todas as nossas histórias. Além de entregar os resultados, mostrando as diversas vezes em que falamos do carro e de toda a repercussão que isso gerava em nossas redes, apontávamos também o crescimento do canal. Era uma moeda de troca para oferecermos no momento das negociações.

Depois de alguns meses, recebemos um *e-mail* do diretor de marketing. Ele disse que estava saindo da empresa e que o departamento estava sofrendo algumas mudanças, mas que acreditava muito no nosso projeto; orientou que ficássemos tranquilos, pois deixaria uma referência contando tudo sobre a gente e o Travel and Share para o pessoal que assumiria o setor. E ele fez exatamente o que prometeu. No último dia de trabalho, enviou um *e-mail* bem detalhado para os novos responsáveis pelo marketing, falando sobre tudo o que ocorreu nesses três anos de parceria e sobre os excelentes resultados que tínhamos alcançado para a marca, além do nosso interesse em participar da campanha de lançamento do novo modelo da Frontier. Pois bem. Após isso, não poderíamos fazer mais nada a não ser esperar. Entretanto, como somos ansiosos, de julho a outubro de 2017 tentamos contato com as pessoas que estavam copiadas no *e-mail*, mas não obtivemos sucesso. Ficamos agoniados, sem saber se aquela mudança do departamento de marketing acabaria com as nossas esperanças.

Quando estávamos na Noruega, tomamos conhecimento de que a Nissan estava com uma nova agência de marketing. Pesquisamos, descobrimos quem era o responsável e ligamos na mesma hora... Com uma breve troca de palavras, ele nos falou que receberíamos o novo modelo da Frontier e que faríamos parte da campanha. Ficamos surpresos e muito empolgados. Naquela noite estava chovendo muito, mas saímos para comprar um vinho para celebrar. Afinal, era mais uma grande conquista! No entanto, de fato ainda não havia acontecido, e sabíamos que muitos obstáculos poderiam surgir no caminho, assim como muitos apareceram durante nossas aventuras. Cientes disso, marcamos uma reunião com a nova agência da Nissan e voltamos para o Brasil. Queríamos entender os detalhes, saber o que e quando tudo iria acontecer.

E foi durante essa reunião que percebemos como o Travel and Share havia crescido e se tornado referência, pois, além de o diretor reconhecer e falar muito bem do nosso trabalho, havia 10 pessoas na sala, e todas queriam fazer parte do projeto. Durante esse encontro, após uma longa discussão, decidimos que manteríamos o nome "Gallega", pois víamos todo o processo como uma transformação no carro. Chegamos à conclusão de que não importa a cor ou o modelo, o carro é a força que nos faz chegar a diferentes destinos. É o que a "Gallega" representa para a gente. De certa forma, é como se estivéssemos subindo de nível, iniciando uma nova etapa em nossas vidas.

A reunião foi um sucesso e nos sentimos recompensados por todo o esforço que fizemos desde que a ideia surgiu. Aquela pequena fagulha havia produzido uma fogueira enorme. Essa era a sensação! Sabemos o quanto tivemos de lutar e investir para chegar naquele ponto; não poderíamos estar mais felizes e gratos por todas as conquistas.

A Gallega nos permitiu viver um sonho. Temos um carinho enorme por ela... Para muitos, pode parecer besteira, mas a Gallega entrou em nossas vidas e nos conquistou de uma maneira indescritível. Debaixo de neve, sob sol escaldante, ela se manteve firme e nos guiou pela estrada. Isso mesmo, a impressão é de que não assumimos a direção, mas fomos levados por ela. Concluímos que "Gallega" significa "transformação". Aprendemos que a estrada dá tudo o que você precisa e, quando uma porta se fecha, outra se abre.

Como dissemos, estamos prontos para continuar mudando; mudando de endereço, de cidade, de país e, principalmente, mudando nós mesmos. Os nossos sonhos cresceram, transformaram-se; só uma transformação para continuar transportando tantos sonhos.

E aqui vamos nós, sempre em frente, adiante, expandindo horizontes, porque uma viagem não termina quando uma história acaba.

AGRADECIMENTOS

Este livro representa o final de um ciclo e o inicio de outro para nós. Ele materializa um trabalho duro que nos preenche de conhecimento e gratidão.

A estrada nos desafia diariamente, e de cada coisa vivida, não levamos nenhum arrependimento no nosso coração, somente gratidão. Por tudo, mesmo.

Gratidão a todas pessoas que cruzaram nosso caminho e nos deram um empurrãozinho com alguma mensagem para conseguirmos chegar no destino seguinte.

Gratidão a todas as portas que se fecharam para que outras pudessem se abrir, e amigos especiais pudéssemos fazer.

Gratidão às pessoas que acreditaram em nossas ideias quando ninguém mais acreditava.

Gratidão a todos que nos acolheram em suas casas oferecendo

um teto para passar a noite, um prato de comida, um banho quente ou um chá nos dias de muito frio.

Gratidão aos amigos que compartilharam o seu conhecimento, pois sabíamos que estavam nos dando aquilo que de mais valioso tinham.

Gratidão aos escorpiões da jornada e a todos os "nãos" que recebemos.

Gratidão por tudo o que precisamos passar para hoje ter uma casinha tão pequena, onde não cabem coisas materiais, mas cabem muitas histórias.

Gratidão a quem acompanha nossas histórias e também nos compartilha as suas.

Por fim, gratidão à estrada, que nos proporciona tudo o que precisamos na medida, nem mais nem menos. E por nos encher de inúmeras oportunidades que nos fazem manter o compromisso de seguir viajando, compartilhando, inspirando outros a caírem, cada um, em suas próprias estradas.

Made in the USA
Middletown, DE
18 October 2023

41055766R00097